ちくま学芸文庫

夜這いの民俗学・夜這いの性愛論

赤松啓介

筑摩書房

夜這いの民俗学・夜這いの性愛論 ◉ 目次

夜這いの民俗学・夜這いの性愛論

『夜這いの民俗学』

Ⅰ　夜這いの民俗学

初出・「新潮45」一九九〇年一〇月号

梅雨どき、長雨にうんざりすると若衆たちは、気がねのいらぬ仲間の家の内庭や納屋へ集まって縄ないなどの手作業をした。君に忠、親に孝などというバカはいないから、娘、嫁、嬶《かかあ》、後家どもの味が良いの、悪いのという品評会になる。

おい、お前、俺んとこのお袋の味、どないぞ。わい、知らんぞ。アホぬかせ、お前の帰りよんの見たぞ。ウソつけ。月末頃にまた留守するで来てな、いうとったやろ。どアホ。親父に行くな、いうたろか。という騒ぎになった。

お前、今晩、うちのネエチャに来たれ。怒られへんのか。怒ってるわい、この頃、顔見せんいうとったぞ、味、悪いのか。そんなことないけんど、口舌《くぜつ》が多いでなあ。そら、お前が悪い。いわせんように、かわいがったれ。

まあムラのイロゴトは筒抜けで、まことに公明正大である。こうしたムラの空気がわかっていないと、夜這いだの、夜遊びだの、性の解放だのといっても、なかなか理解できず、嘘だろうとか、大げさなことというてとかと疑うことにもなるのだろう。教育勅語を地で行くようなムラはどこにもあるはずがなく、そんなものを守っておればムラの活力は失われ、共同体そのものが自然死するほかなかった。

あんた、なあ。なんや。うちのカアちゃんどない。嫌いやないでえ。今晩来たってくれるか。娘がこうして取持ちするのもある。

性交するだけで、すぐ結婚しようなどというバカはいない。性交は、いわば日常茶飯事で、それほど大騒ぎすることではなかった。しかし、結婚となると家とかムラとの関係が大きくなり、それほど簡単でない。これを強いて上からの権力で統制しようとするから、いろいろな歪みが生じ、表向きのキレイゴトの陰に売春産業や売色企業が繁昌することになる。

いくら田舎でも大正時代となると女郎買いにも行けるし、郡役所のある田舎町でも芸妓の十人ぐらいはいる。いわゆる「駅前」にはどこでも仲居、酌婦のいる旅館、料理屋ができた。遊ぶのならいくらでも遊べるやないかといっても、タダで遊ばせてくれるところはない。昔ながらの夜這い、夜遊び、性民俗は、男は魔羅、女は女陰さえあれば、お互いに堪能するほど遊べる。それが夜這いが近代社会にも残った、根本的要因である。

＊

「敵の弾圧を蹴ってわが戦旗は進む」――。

いまなら笑い話にしかならないが、治安維持法に触れて大阪から郷里の兵庫県加西郡下里村（現在加西市）に帰った昭和九年（一九三四）から十四年（一九三九）頃まで、こんな勇ましいスローガンを掲げて、播州（播磨）や淡路島、摂津や河内を駆け回っていたのだから、僕のドン・キホーテぶりも相当なものだった。しかし、戦時下の弾圧の中で、研究と反戦活動を堅持するためには生やさしい覚悟では何ごとも不可能であった。

平時なら、戦争反対、自由と平和をというのは容易である。いまでも極楽トンボどもがわめいている。しかし、最も必要な時になって殆どの人間が沈黙してしまったのも事実であった。特に、日本の科学者、知識層の迎合、腐敗は、「惨」としかいうべき言葉はなかった。民俗学、考古学も同じことで、戦後、長老、大家連中で、戦時下の執筆文章、論文を読んで冷汗三斗の思いをしない者はあるまい。抵抗する勇気がないのなら、せめて書かなければよいのである。

田舎に帰ってみると、農村の不況も大変なもので、地元で就職できるところはあるはずもない。幸い母親が雑貨屋をしていたので、最低の食費ぐらいはみてやるから、あとは自分でなんとか稼げということになった。大阪、神戸あたりから失業者が夜となく、昼となく、単独、または家族を連れて、国道、いまの二号線を西下していたものである。汽車賃すらないので、川原に野宿しながら岡山や広島などをめざして歩いている。なかには、力尽きて衰弱死する者も多かった。そうした状況だったから、生計を立てる方法もなかなか見つからない。

そんなとき農民詩運動をしていた友人の国井重二が、女性用のビンツケ油や椿油、化粧水、石けんなどの行商をやらないかと誘ってくれた。腐るものでないからその日に売れなくてもよいし、平均して一日五十銭か一円の儲けになればよいだろう、それだけでは不安定だと思うなら季節物の行商も少しやればよいということになった。商売はあまり好きでないが、高小二年卒で丁稚小僧に出されていたからそう難しいわけではなかろう。さっそく自転車で行商して走り回ることになった。

田舎に戻った僕は、当時壊滅させられていた農民組合の再建を構想したが、先輩から「いまのように暗い、沈滞した時代には、いくら活動したところで逆効果だろう。雌伏の時代には、もっと地道に活動をするべきだ」と勧告され、東京や大阪の仲間たちと連絡を取りあって、子供の頃から好きだった民俗学と考古学を主とした郷土研究運動を志向することになった。民俗学では農業生産、特に技術と小作関係、農耕儀礼の調査、考古学では古墳、廃寺址などの調査をそれぞれ中心にすることにした。

僕は、共産党はあまり好きでなかったが、当時、反戦を掲げたグループで共産党の他に闘う者はなく、社会党や労農党、大本教とかいってもみんな転向してしまっていた。自然と共産党と接触しながら動くしかなく、後に四年間もムショ暮しをすることになったわけだが、パクられるまで、共産党の中央委員だの地方委員だという大幹部があれほど警察側にベラベラしゃべっているとは想像もしていなかった。虐殺された人間がいたことは事実だが、スパイ査問のリンチ事件を含めて、他の殆どが警察でいろいろと供述し、その調書が証拠として残っているから仕方がない。彼らのタテマエとホンネはまるで違うのであった。虐殺もリンチ事件もその距離が大きすぎた結果としての悲劇である。生きて虜囚の辱しめを受けるなと大言壮語した皇軍が、ついには全軍捕虜のバカらしさを演じたのと根は一つで、日本人のタテマエさえ立派であれば、ホンネはどうあろうと別のことだという便利主義、インチキ思考の典型だろう。そういう思いがあって、僕たちは、共産党とは逆に自分の足元から運動を構築していくことになったのだ。

行商は〝人民戦線運動〟という名の下の郷土研究にとってはうってつけの商売であった。機会があれば教宣活動をやってもいいし、疑われないようにしようと思えば野郎や嬶どもと、オメコ、チンポの話をやっておればよい。ということで、所轄の警察に行商の届けを出したが、それはええが、郡境を越える時は届けてくれという。なにをいうか、女の化粧品の行商が加西郡内だけで生計が成り立つほど売れると思うのか、一日に二円儲けな食ってゆけん、二円儲けるには少なくとも三、四十円の品物売らんことにはどうにもならん、平均して一カ所で二十銭、三十銭の化粧水、ハミガキ、石けん売ったとして、何カ所回らないかんか、計算してみい、お前ら、俺を干し殺しにする算段か。というと、まあ、ええわ、しかし、姫路、神戸へ行くときは報らせてくれ。と相手は答える。神戸はともかく、姫路は無理だぜ、品物の仕入れは姫路の二階町や、三日に一ぺんは通わんならんし、俺はまだチョンガや、野里（姫路の遊廓）へ女郎抱きに行くのも届け出るのか。もう、ええわ、神戸から先に行くときはいってくれ。心配せんでもええ、大阪に行ったら検挙される、拘置所へ放り込むと大阪の特高に念押しされてるんや、あない危ないところへ行けるかいな。

という具合で、僕の行商は始まった。一日で往復できる自転車の距離は、だいたい十里、四十キロ。荷台と背負ったリュックに品物を詰め込んで、野道を走りながら靴下工場やら農家を回るのである。そして、行った先々のムラで商売しながら話を聞く。七夕になってきたら七夕の話、亥《い》の子（陰暦十月亥の日に行われる収穫祭）になってきたら亥の子の話。いろいろと取材のネタは尽きない。こちらも同じような祭を見ながら育ってきたわけだから、話もわかりやすい。相手が警戒すると困るからメモはいっさいとらず。商売も取材も最初は行きあたりばったりだったが、やがて親しくなってくると、夜這いとか夜遊びの話も耳に入ってきた。こっちにも経験はあったが、実際にやってみないとわからないこともあり、行商しながらの郷土研究も、話を聞く一方で夜這いもするということになるわけだ。

基本的にムラの底層の人たち、特に賃雇いや賃仕事に出ている人たち、性民俗についてタブーがないから、あれこれ話してくれ、また他のムラのことにも詳しかった。僕も学者で商売しようとしたわけではなく、たかが自転車の行商人であるから相手も警戒する必要はなかったのであろう。

ただ、ムラの女どもに夜這いをかけたり、仲居、酌婦をくどくためにだけ走り回ったわけではなく、あくまで戦時体制下の村落社会の矛盾と相剋の中でいかにして反戦の思想と行動を貫くかが課題であったが、これに最も共鳴し、協力もしてくれたのが、ムラの女頭目たちだった。特高も学歴がないというだけで、彼女たちをみくびりすぎていた。

特高は僕の尾行もするし、仲良くしていた茶屋やヨロズ屋の嬶や後家も掌握していた。戦争が終わって彼女らに会うと、(特高は)うちへも来たでえ、共産主義たら無政府主義たらいう難しいこと、わしらにわかりまっかいな、あの子、オメコさせ、させいうてきたさけん、したぐらい覚えてまっせ。なんべんぐらいしたんじゃ。サア、なんべんかわからんくらいさせたわ。アホ、どっちがふいたんじゃ。そらチャウスのときは、うちがこないしてふいたるし、あの子が上のときはこないしてふいてくれて。アホ、もう、ええわ、いうて行きよった。

当時、特高の刑事は関係したというと、どっちがどないしてふいたと調べるのが常套であった。直接取り調べるときのための材料にしたのである。

彼女らは尋常小学校もロクに出ていなかったが、見るべきものはちゃんと見ていた。新聞や「キング」「家の光」ぐらいは読んでいるから、市川房枝や他の女運動家たちの裏切りも知っていた。戦後、彼女たちが復活しても信じる者はだれもいない。それは厳しいものであった。運動ができん時代は、なにもせんでもええやないか、わざわざ敵の太鼓をたたいてやることない、というのが頭目たちの私への意見だった。

そんなこんなで僕の民俗調査は、行商しはじめてから一年も経てば微に入り細に入り進みだした。すると、農耕儀礼にしても農作業にしても性民俗にしても、大字《おおあざ》によって言葉の意味がちがったり、やり方が異なっていることがわかってくる。そして、いろいろであることは具体的《リアリスティック》であり、生半可な解釈はできぬわいと思い知るのであった。

＊

日本の農業は、戦後の一九五〇年代に完結した機械化、化学化によって第一次産業としての様相を激変させてしまい、それ以前のように宗教や信仰との密接な関係を失ってしまった。以前の農業は、天候や災害に左右されることが多かったから、そうした障害を避けたり防ぐために宗教や信仰に依存せざるをえなかったし、農作業も殆ど手作業であったから、肉体的な疲労が激しかった。特に、田植え前後は肉体的な作業が集中した。苛酷であっただけにまた一面では極めて娯楽的な要素が盛り込まれていた。大田植え、花田植えのように歌舞音曲を伴奏させながら作業することもあったが、一方で手軽に求められることとなると、男と女の肉体の相互交換、利用ということにならざるをえない。

苛酷な作業を続けて、なお性的作業をやったのでは、ますます疲労を大きくするにすぎないのではないか、という疑いもあろうが、人間の肉体というものは、それほど単純ではない。青・壮年時には肉体的疲労が大きいほど、性的欲望も激しくなってくるのがだいたいの様相である。

共同田植えになると、手甲脚絆の早乙女が一列に並んで作業をはじめるから、お互いに競争心理もあるし、一人だけ休止するわけにもいかないので、疲れをまぎらわせるためにいろいろなワイ談をしたりして笑わせて元気を出す。殆どは夜這い話や若衆たちの評判、イチモツの品定めである。あげくのはては、若衆の取り合いにからんで泥水をかけ合ったり、水田に苗を投げ入れる十二、三のナエモチの男の子がかわいければ、田の中に引き入れてマタに手を入れたり入れさせたりして相手がびっくりするのを楽しんだ。田の神サマは水にうつる女のものを見て喜ぶというムラが多く、ほんとうに水にうつるのかと聞いたら、来て見んかと誘われて行ったが、嬶や婆は行儀が悪く奥まではムリであった。

僕など行商人連中も田植えなどに関係ないとわかっている者は、手伝いに来てくれと頼まれて困る。田植え前後に行商に回っても商売になるまい、それよりも高い日当を払うからと誘ってくれた。平素からいろいろ世話になっている女性の家へは援助に行かねばならず、僕たちのような非・定住人も甚だ多忙になる。あれこれ作業をやらせてもらって勉強したが、そうした作業を通じて老農たちからよく聞かされたのは、「アジワイ」という言葉であった。

アジワイとは、手工業関係でいうコツみたいなものだが、コツが全く技能錬磨的であるとすれば、アジワイはそれに人格的熟成をプラスしたようなものである。単に上手というだけでは良い作物は作れない。他の百姓と全く同じ方法、手順で作っていても、作物に良否が出てくる。定型通りやりながら、具体的な場所の土質や作物の生育状況を考えてそれに適したように修正してやることをアジワイといった。作物は生き物だからこうして欲しいといっているので、それに合った方法を考えて施してやるのだということであった。それで百姓仕事も大変なものだとあらためて認識するわけだが、そのうち男と女との間にも、性交技能にもアジワイがあると教えてくれる。

夜這いによっていろいろの女と交渉が生まれるけれども、お互いに好きになるのにはアジワイが合わねばならぬ。モノの大小というだけでは永続性がなかろう。そこで昔の夜這いでは、年上の娘、嬶、後家などがそのアジワイを若衆に教育し、壮年の男たちは水揚げした娘たちを訓練したのである。それほど完全な性教育が行われ、かつ成功したかどうかは疑問だが、夜這いを介して父兄や母姉たちが自分の娘や息子、弟妹の筆下しや水揚げを依頼する場合があり、そんなときはただ単に性的技巧が上手だからというだけで相手を選別せず、人間的にも信頼できる人物に頼んだのは事実であった。

＊

資料採取で親しくなった女連中に囲まれて若衆入りの夜の民俗の話となると、これはもうとても筆にも口にも及ばぬということで、まともに公開できるものではない。若い衆にもいろいろと性格があるので、それに応じた教授方法を考えたというわけである。経験の豊富な連中が、秘術を尽くして教育するのだからその効果はいうまでもなかろう。ともかく僕などの経験した結果からいえば、遊廓や売春業者たちから手ほどきされるより、はるかに懇篤、かつ貴重な訓練であったというほかはない。いくら女郎や売春婦が「筆下し」を喜んだとしても、あれだけの誠意のある教育はできないであろう。同じ共同体の成員として、生死を同じくするという根本理念によるというほかあるまい。

難しくいえばそうだが、当人たちはそれほど村落共同体を意識するはずもなく、正直にいえば、ええ若い衆の元気のよい棒を入れてもらって一夜一夜を楽しんでみたいというわけだろう。

僕のムラでは、数えの十五になると男はみんな若衆宿に加わった。季節は正月の八日から十日で、小さいムラなら二、三人、大きいムラでも五、六人という数だった。

若衆宿というのは、いわばムラの現役兵で、成員は人口が多ければ十五歳から二十五歳、結婚すれば卒業となったが、小さいムラだと十三歳から三十歳、四十歳の既婚の男が加わることになる。ムラの共同作業に出て力仕事をしたりするわけだけれども、夜になると小さい寺のお堂や店屋の前に集まって遊ぶ。明治の中頃からどのムラにも公会堂とか青年集会所ができたが、そんなところに集まるのは年に三、四回にすぎず、県からエライ人が講演に来たときなどにお義理で顔を出す程度だった。そのかわり、浪花節やりまっせ、となると喜んで集まった。

夜這いはだいたいこの若衆入りと同時にはじまり、若衆入りの際の相手はどこでも後家さんが主体だった。後家さんが足りないと四十以上の嬶が相手をしてくれることになる。相手を選ぶクジをして、年長者がいろいろ教え、一緒に同行したり一人で行かせたりするのだが、ムラによってはすぐには夜這いをさせてくれないところもあり、年長者の後について行って、ゾウリを持たされて外でじっと待たせられる期間が続いたりする。運が悪いと一年たっても下足持ちという者もいて、親が他の若い衆たちに早くさせてやって、と頼むことになる。

＊

さあ夜這いとなると、すでに経験ずみの者は、どんなオバハンに当たるやろかと楽しみだろうし、未経験者は、さてどんなことやらと嬉し、恥ずかしで胸ワクワクである。年長者の方は、あの後家ハンに当たったら怖いぞ、気に入らなんだらハジキ飛ばすぞ、などと脅した。そんな目に遭わないように、若衆もそれなりに工夫していろいろなつまらない春画を用意する。僕の頃は裏に太い棒を描いた「一円札」というのが大流行していた。田舎の若衆にとっては、それが精一杯のサービスで、歌麿の浮世絵には逆立ちしても及ばない。

若衆入りの晩や、その二、三日前ぐらいからヘンズリもやめて精を溜めとかんとあかんというのと、その前に出しておかんとあかんという両説があって、僕たちは、先輩たちの「口伝」に頼るしかなく、どっちにしようかと迷ったものだが、だいたい精を溜めるという方が有力だった。素人判断で溜めておく方が長持ちするだろうというだけのことであった。

小学校や中学校の修学旅行のように、とにかくガヤガヤ、ワアワアとするうちに一夜が明けると、なんやこんなもんであったのかという不満派、こんなにええことやったんかという歓喜派が生まれた。どっちにしてもタコ、キンチャクの美味、快悦を求めて一生放浪しなければならんことになる。

ああしんど、やめておくか。行商しながら話を聞くにしても、性方面の資料採取というのは作法として自分の方から聞き出すわけにゆかず、結婚民俗の話からはじめるが、荷送り、出迎え、盃、部屋見舞い、三日帰りなどと聞いて、これでわかりましたということになると、教育勅語に汚染されていない年上の女たちからみれば、何がわかったんかい、一番肝心なココの話が抜けてるやないか、とマタをたたいて、お前もう若衆入りすんだんか。すみました。どないすんねん。酒一升もって入会します。これはどないやねん、と例のニギリをみせて、筆にも及ばぬ話を蜿々と続けて嘆息をつく。

バカぬかせ、ここまでぐじられて、後はやめておくではたまらん、殺生なことするな、こんなにおえてしまうやなんてどないしてくれるんや。とかみついたら、ほんなら帰りにきっと寄るか。寄るでえ。ほんなら向うの山の中にお堂があるさかえ、きっと寄れやと約束させられた。夜這いに便乗というわけかと、夜遅くお堂に寄ってみるとアカリもなし、人の気配もなし。

あきらめて帰ろうかと思ったが、いまからでは夜通し自転車で走らなくてはならんし、ともかくお堂で寝てもよいと裏の方に回ると、細い火が見える。ヤレヤレと戸をたたくと女が開けてくれた。仏前の細いロウソクを太いのに代えてくれると、中年の女性でキレイに見えたので安心する。夜食を持ってきたと五目ずしを食べ、熱いお茶も出してくれたが、お互いに初めての顔合わせ。どうにも話が続かない。

そのうちムラのしきたりやからとて、西国三十三カ所の御詠歌を上げる。カネは軽く打つだけで、外へ洩れることのないようにし、中山さん（中山寺）で小休止、雑談して再開。これを二度繰り返して御詠歌が終わると、般若心経の奉誦。これも二回である。

すべての儀礼が終わると、外へ出て出しておいでと勧めた。精を出すのでなくオシッコを出すわけで、もうよかろうと戸をたたいて堂内に入ってみると、フトンが敷かれ、ロウソクも細いのに代わっていた。フトンへ入ると抱き寄せてくれる。あんなとこに柿の木があるの。ハイ、あります。わたしが上って、ちぎってよろしいか。ハイ、どうぞ、ちぎって下さい。そんならちぎらしてもらいます。という例の「柿の木問答」となった。私の在所の下里村では、新婚の夜の儀式になっていたが、この村では、若衆入りの夜の行事であった。

いままで間近で顔を見たことがない男と女が、いかに仏サマの前であろうと裸になって抱き合うのだから、お互いかなり抵抗があるのが当たり前で、こうした儀式でもないかぎり場がもたないのだろう。実演してみると、まことにうまい装置になっている。

あんたとこに柿の木あるの。ハイ、あります。といいながら抱き寄せ、ヒタイ、下って口にキスしてくれた。よう実がなりますかと問うと、ハイ、ようなります。と胸をひろげて、お乳を見せてくれる。じっとしていると手をとって触れさせて、つまみをさせ、乳首を口の中に入れて吸わせた。あんた、おかあさんのお乳、のんだん忘れたんか。

もう、ここまでくると女の方は度胸がすわって、未知の世界へコドモを引き入れるのが楽しみになるらしい。腰巻も外して素裸になり、僕も裸にしてしまって、身体を寄せてくる。僕の手をつかんで下へのばさせ、やがて密林をつかませられた。なぜたり、さすったり、つまんだりしていると、荒い息をふきかけてくる。しばらく遊んでやろうとつかんで、しめたり、ゆるめたりしていると、身体をからませてにぎりにきた。わたしがのぼって、ちぎってもええ。ええ、はよちぎって。ということになる。

観音サマに押し込むと、ほんまにキレイやなあと喜んでくれた。あんた、こんな筆下し好きか、と尋ねると、何をいうの、あんたが初めてや、うち、三十三の厄落しで、九月の清水さんの名月法会にお参りせんならんというとったら、あの女《ヒト》がちょうどええ男《ヒト》があったから、厄落しせんかと誘われたんよ、というのであった。若衆入りと女の厄落しが一緒になった儀礼であった。もとより、主人も子どももある女であったが、これをしないで主人や子どもや親が大病になったり死んだりすると、あの奥さんは厄払いしなかったと後指をさされるのである。

このならわしは、播州をはじめとして関西では河内でも同じように行われていた。河内では、大厄がくると生駒詣りとなって、参詣の男に貞操を買ってもらう。その代金を賽銭にして投げ入れ厄を払った。

女が「清水さん」といったのは、摂津、丹波、播磨三国の国境にある清水寺のことで、山頂は森が深くかなり広い平地があった。名月会には三国の信者たちが頂上の寺やお堂に集まって、国ごとに分かれて大盆踊りを開いた。播州は吉川音頭、摂州は江州音頭、丹波はデカンショで、晩の六時頃から翌朝六時頃までの大競演である。疲れると寺や堂舎で横になって休むが、意気投合した男と女は、そこらの山林の中で木の根を枕に草のシトネということになった。周辺のムラ、ムラでは一夜に三国の踊りが見られるうえに三国の女の味が賞味できると大評判になっていた。悪い噂では、ムラの女がこの一晩の稼ぎ（厄落し）で、一カ年の小遣いを作るというのもあった。安易な解釈は許されないが、有名な神社仏閣の近くにイロマチが多いのも、こうした事情と関係があるのかもしれぬ。厄払いのほかお盆には精進落しというのも行われ、一人歩きの若衆が女たちに草むらへ引き込まれたり、少年が若衆にもてあそばれるということ（稚児かつぎ）も起きるのだった。

＊

かくして、だいたい、若衆入りから夜這いははじめるのであるが、やり方、相手などは字《あざ》ごとに実に多様である。

後家や嬶だけじゃなくてムラ全体の女を開放しているところもあるし、また、娘と後家、女中とかだけを開放しているムラもある。この開放の仕方も、娘やら後家やら子守やら女中やらのところには、若衆だけが行くとか、若衆と娘、独身女中は自由に性交してよいとかさまざまであって、結局、どこのムラがどんなふうなのかは、そこのムラの人間に聞かないとわからない。そのムラの人間と親しくなって話を聞き、ここでは夜這いできへんとか、自分のムラの若衆はええが、よそのムラの者はあかんとか、よその若衆なら嫁は許されぬが後家や娘はかまへんとかということになる。一つの行政村にはだいたい十五から二十くらいの大字《おおあざ》があったけれど、夜這い一つとってみても、大字ごとにいろいろならわしがあるのであった。

オール開放のムラは、別のオール開放のムラの男にも許されていて、間のムラを越えて行き来する。その行動範囲は大体一里（四キロ）圏内で、手拭いで頬かぶりをして野道を急ぐ。僕のムラは、若衆でも十七、八にならないと雪駄がはけないしきたりであったが、夜フトンにもぐっていると闇の中からペタペタという雪駄の音がして、音の間隔やら調子で、ああ、太郎がええコトしに行きよる、ということになった。

当時小作農の家は、だいたいが四間程度で、娘はたいがい奥に寝かされていた。親父も嫁も自分たちが夜這いしながら大きくなってきているのだから、娘のところに夜這いが来るのは当たり前と思っている。男は裏戸をそおっと開けて忍び込み、おっさんやおばはんが不粋な恰好で眠りほうけている脇を通って娘のフトンの中にもぐり込んで、させて、と行くわけだが、帰りがけにおばはんともやってくるということも起きる。鬢つけ油の匂いがしたら娘、おしろいの匂いがしたら娘とわかったが、鬢つけ油におしろいがまざることにもなる。

娘が気に入っている男が当然のことながらいたわけで、昼間、娘の方から松葉を紙に包んで相手に渡して誘うこともあった。葉の一方が折り曲げられていると、足を曲げて待っている、早う来てちょうだい、というシグナルであった。その一方で、気に入らない男の足音がすると、きっちり戸を閉めてしまう。男の方は、戸に小便をかけて開けようとするが、どないしても開かない。スゴスゴと帰るしかなかった。戸を開けたとたん、すでに先客がいることがわかり、くやしまぎれに外から戸に石をかみこませて開かないようにしたり、踏み石に肥溜めを置くという悪戯もした。なかには、先客が終わって出てくるのを待ち、闇の中で取っ組み合いをはじめることもあった。

後家や嫁を合わせたら別だが、一つのムラにはだいたい十五人から二十人くらいの若い娘がいた。後家も嫁も娘たちとも性交して一回りしてしまうと、若衆らは、おもしろうない、ということになってヨソの村に出かける。

*

娘が夜這いの相手をする資格もムラによってさまざまであって、月経があったらというところもあるし、陰毛が生えてからというムラもある。月経があって陰毛も生えたらというのもある。そんな年頃になると、女の方にも娘宿があって、年長の女が検査して、この子は毛が生えたからもうええわ、そんなら夜這いさせてやれ、ということになる。ついでに、年長者が、水揚げしてあげて、と初めに乗る若衆を指定するムラもあった。初物食いはだれでも好きだから、先を争ってトラブルが起きることもしばしばあった。遊廓では、表向きは満十五歳（数えの十六歳）にならないと女郎にはなれなかったが、これは上が決めたことで、ムラではそんなアホなことは言わない。十二、十三でも月経があれば夜這いさせるムラもあるし、十五、十六になっても毛が生え揃うまで夜這いさせないムラもあった。

もっとも女陰が美しいのは、それ以前の十二、十三の桃のような時期がいいという者もいる。マチではそうした趣向の人間がけっこういて、僕が特高の目を逃れて潜り込んだ今宮（いまの釜ヶ崎）では、そんな年頃の女の子が、二円でこうて、とドヤ街を歩いて回っていたが、ムラではもちろんそんな光景はなく、幼女を楽しむのはわずかであった。

とにかく、公式試合だけが試合でないのであって、男の筆下しも十五歳（満でない）の若衆入りが主である。十二や十三でもおばはんに狙われることがある。

結婚と夜這いは別のもので、僕は結婚は労働力の問題と関わり、夜這いは、宗教や信仰に頼りながら苛酷な農作業を続けねばならぬムラの構造的機能、そういうものがなければ共同体としてのムラが存立していけなくなるような機能だと、一応考えるが、当時、いまのような避妊具があったわけでなく、自然と子供が生まれることになる。子供ができたとしても、だれのタネのものかわからず、結婚していても同棲の男との間に出来たものかどうか怪しかったが、生まれた子供はいつの間にかムラのどこかで、生んだ娘の家やタネ主かどうかわからぬ男のところで、育てられていた。大正初めには、東播磨あたりのムラでも、ヒザに子供を乗せたオヤジが、この子の顔、俺にチットも似とらんだろうと笑わせるものもいた。夜這いが自由なムラでは当たり前のことで、だからといって深刻に考えたりするバカはいない。

*

ざっと紹介したように、夜這いは、戦前まで、一部では戦後しばらくまで、一般的に行われていた現実であり、実に多種多様な営みであったが、このような重要な民俗資料を、日本の民俗学者のほとんどは無視し続けてきた。

日本民俗学の泰斗といわれ、「郷土研究」や「婚姻の話」を著している柳田國男は、僕の郷里から目と鼻の先の出身で、子供のころから夜這いがおおっぴらに行われているのを見聞きしながら育ったはずだが、彼の後継者同様に、その現実に触れようとしなかった。彼らはこの国の民俗学の主流を形成してきたが、かつてはムラでは普通であった性習俗を、民俗資料として採取することを拒否しただけでなく、それらの性習俗を淫風陋習であるとする側に間接的かもしれないが協力したといえよう。それればかりか、故意に古い宗教思想の残存などとして歪め、正確な資料としての価値を奪った。そのために、戦前はもとより、戦後もその影響が根強く残り、一夫一婦制、処女・童貞を崇拝する純潔・清純主義というみせかけの理念に日本人は振り回されることになる。

自分たちの倫理観や、政治思想に反するものの存在を否定するなら、そうした現実を抹殺するしかない。農政官僚だった柳田が夜這いをはじめとする性習俗を無視したのも、彼の倫理観、政治思想がその実在を欲しなかったからであろう。

しかし、僕の基本的な立場はあるものをあるがままに見ようではないかということだった。そして、あるがままに見れば見るほど、現実は実にさまざま、多様なのであった。

そもそも柳田の方法というのは、全国からいろいろな材料を集め、自分に都合のいいように組み合わせるといったものである。夜這い一つとってみても、隣村同士でも多様なのに、あちこちの県のムラから広範囲に類似のネタを集めて一つのことを語ろうとする。僕に言わせれば、アホでもできるということになる。

僕が田舎に帰ったころ、柳田は山村調査を実施しているが、採集手帳を読むと、小作とか地主とかいった現実に存在する言葉が全くない。それでいて彼は「常民」というコンセプトを持ち出してくるのだから、柳田さんはもうあかんわ、ということになる。それは、戦前までの政府が、労働者を資本家も含めて勤労者、地主も小作も日雇いも含めて営農者と呼んだように不自然な造語にしかすぎない。

婚姻の調査についても、彼らがわかっていないのは、明治から大正、昭和初期にかけて生きた女性の大半は、マチなら幕末、ムラなら村落共同体の思考、感覚でしか生きていなかったということである。教育勅語によってそれほど汚染されていないということだ。尋常小もロクに出ていないような人間に、家父長制とか一夫一婦制といった思考方法がなじまないのは当たり前で、夜這いについても淫風陋習などと感じておらず、お互いに性の解放があって当然だと考えている。女学校やキリスト教的な教育を受けた女たちとの落差は大きく、ムラでは中等教育以上を受けた女は、だいたい「スソナガ」「スソヒキ」と呼ばれて孤立していた。

田舎のムラでは、地主、酒造はごく一部、小作、日雇いが大半の人口を占めていた。時代が古いほど村内婚が多く、これは明治以降ムリヤリ入籍結婚にさせられてしまったが、それまでは夜這いの延長みたいなもので、同棲したからといって必ずしも双方が、相手を性的に独占したわけでも、できたわけでもなかった。別れるのも簡単で女が家を出るといっても、風呂敷包み一つですんだ場合が多かった。離婚のなんのと騒ぐこともなかったから、古い記録をみると、三婚、四婚も珍しくない。記録にならない別れや出合いは実にたくさんあっただろう。

村外婚が普及し仲介人や仲介業者が一般に活動するようになったのは大正に入ってからのことで、三々九度の盃を上げてという小笠原式の婚姻が普及するようになったのはさらに後のことであった。こうしたことを柳田派の人たちは率直に記述しようとしていない。

事実を列挙するという名の下で解釈を先行させているのであって、学者というのはとかくそのようなことになりやすい。

最近『スカートの下の劇場』を書いた上野千鶴子さんと対談したが、あの人も形式論理的で、右と左、上と下、前と後ろといった具合に、パーッと二つに分けなければ気がすまんような学者である。そして、こっちはこう、あっちはこう、と認識できなければくそおもしろくないといったタイプだった。

僕の若衆入りの師匠さんは三十三の御寮人さんで、単独指導してくれたが、お乳をうまいことどんなふうに吸えばいいか、どんなふうにすれば女も気持ちがええかとか、腰巻きのハズし方とかいろいろ手をとってちゃんと教えてくれた。『スカートの下の劇場』を読んで、日本の腰巻きと西洋のパンティ、ズロースとは根本的にちがうことはわかったが、そこには、ぬがせる作法がまったく書いていない。物足りず、具体的におもしろくないのである。

腰巻きを解くのは簡単なようだが、女の方が協力してくれないと、美しく開帳できるものではなく、肌の美しい女が開帳したときの一瞬の香というものは、実に男冥利に尽きるのであった。自分で腰巻きを解いて待つのは、主人と愛人に対してだけで、夜這いでも腰巻きを解いて待っていてくれるようになったら愛人で、いわば結婚しようという意思表示にもなった。こうした肉付けがあってこそ学問もおもしろく、リアリティもでるのである。

昔から文書とか記録を書き綴ってきたのは上流階級であった。従ってムラの水呑み百姓、小作や下人、下女、といった人たちの性風俗の記録は、ほとんど残っていない。明治以降になっても、柳田民俗学がその採取を拒否したこともあり、記録にとぼしいが、いろいろ文献を捜してみると思わぬところから出てくる。

たとえば、昭和二十六年、瀬戸内海の坊勢島に赴任した駐在所の巡査の報告書というのがある。その巡査は、女房と娘を連れて赴任したわけだが、赴任した夜に夜這いに見舞われることになる。どないやあ、遊ぼうか。と若衆が娘のところにやってきて、巡査に怒鳴り返されている。当時の漁村では、夏になると女は乳房丸出しで、下の腰巻きも半分開いているようなありさまで、家柄の良い家の女房でも見られたものでなかった。いくらでも軽犯罪や強姦罪で引っ張ることができると巡査は嘆いているのである。

僕も淡路島あたりの漁村を回ったことがあるが、夏には着物など着ていられない。女が寝ていると腰巻きが風に吹かれて奥がのぞかれる具合で、小さな漁船や松林の中で体をからませている姿がいくつもみえた。亭主が漁に出て三日もすれば、残された嬶のところに夜這いをかけるのがまあ常識のようなもので、そうでない嫁は、ええ女ではない、ということになる。ヨソ者でも嬶や後家さんなら夜這いが許されるというムラもあったが、親しくなった男に、だれも世話してくれへんのか、と声をかけられて、おれの妹はどうや、と勧められる。いくつや。十二や、小学校六年生。しようがないから遊んでみると帰りに町まで送ってくれ、土産物でも買ってやると、独りで帰るのはイヤやとゴネだし、また送らされた。そういうこともあった。

農村ばかりでなく漁村でもこんな調子で、おおっぴらに夜這いが行われていたが、彼らの子弟の多くは丁稚や女中としてマチの店や工場などに買われて奉公に出て行く。夜這いのならわしも同時にマチに持ち込まれ、マチに従来からあった性風俗と混りあって、マチの夜這い、マチのアソビが形作られることになるが、それはべつの機会に譲ろう。

＊

僕が民俗調査に興味を持ったのは十四、五歳の頃、大正十二年頃からであるが、郷里の播磨や、奉公先の大阪などで生活してみると、小学校の修身で教えられた純潔教育、一夫一婦制結婚生活などは全く虚構であることがわかった。修身はただの暗記物にすぎないと思ってはいたが、実社会に出てみると、その差があまりにも甚だしいので驚いた。まあ、盗みをするな、ウソをつくな、ぐらいはわかるが、性生活、性民俗になると教えられたことの片鱗さえ残っていない。遊廓のあることは幼い頃から知っていたが、大阪へ出て松島遊廓へ連れ出されて、いわゆる不夜城の光景に接してびっくりした。「修身」はどうなっているのかとあらためて疑った。

初めて遊廓へ連れ出してくれた兄貴分は、僕の小遣い、二円五十銭を取り上げて、五十銭を返してくれ、これでどっかに行って遊んどれ、帰りの電車賃だけ残して帰れ、といってどこかに行ってしまった。仕方ないから、僕は夜店で金魚釣りや射的屋で遊んだが、そこには河内や大和から親が借金を払えないという理由で遊廓に売られてきていた九歳、十歳のオチャコの姿があった。彼女らも田舎で子守奉公に出されるか、遊廓で娼妓見習いになるか、その前途は険しかったというほかはなく、気を晴らそうとスキを見ては夜店に遊びに来ていたのである。もう一人前になった気で客を引く子もいたが、こうした生活がイヤだと泣く子もいる。そうかと思うとケロリとしてオチャコの生活を喜んでいる子もあって、それぞれではある。

客の好みは元来さまざまだが、中には十二、三歳でまだ月経もないオチャコを水揚げしたいというものもいる。あの子はもうエリカエやというので桃割れが島田に変えられ、水揚げの前の日に近所の店を回って、茶碗や箸などの日常使用品を女中やババアに連れられて買いに出る。泣きべソをかいているのもあり、あわれであった。

相手の男はオヒロメなどの祝儀を負担するやらでかなりの出費になるらしかったが、幼女を二、三日かけて破瓜にするそうである。ひどいのは苦しむのや出血の多いのを楽しむものもいて、玄人のババアでさえ呆れる。中には、出血が少ないから処女でないと一悶着起こす客もあり、もう大変な世界であった。警察の監督も実にいいかげんなものであった。十六歳を超えた女の初見世でも、ほんとの水揚げは女衒やオヤジがすませているのに、店では初見世の紙を貼って四、五日もかけて何人もの男に売るのである。

こんな世界をみると、ムラの夜這い民俗など極めて健全であり、かつ健康であるというほかはなかった。こんな世界を残しておいて、国民道徳だの純潔教育だのといってみてもしようがあるまい、あんまり笑わせないでくれよ、と笑いながら涙が出るのであった。

一方で、夜這いに対しても、僕の田舎の方では、無言の圧力が大正も末のころからはじまっていた。たとえば、酒造家の女中が妊娠して、一人の相手をしておればよいのに多くの若衆と交渉したから誰が親父かわからずとうとう実家に帰された、という噂が広がる。夜這いがおおっぴらに行われているムラで、そんな噂が出るということは不自然で、それは、教育勅語的指弾のムードをムラの人たちが無意識に感じとりはじめていたからであろう。具体的には夜這い民俗がまだ残っているのを笑われないために隠そうという心理のあらわれである。こうして、夜這いは、現在、神戸市に併合されているかつてのムラなどで戦後しばらくまで続いていたりしたが、教育勅語的指弾ムードと戦争中の弾圧的な風潮、そして、戦後のお澄し顔民主主義の風潮の中で、次第次第に消えて行ったのである。

II

夜這いの性教育

初出・「現代性教育研究月報」（財団法人日本性教育協会）一九九三年五月号、六月号、七月号、八月号、一〇月号、一一月号。

はじめに

ムラの性民俗と性生活について、いろいろの角度から書いてみる。近頃、地方史の出版が盛んで、どこでも府県史、市町村史が出ている。とくに「民俗」など厚い本を出しているが、そのなかで「夜這い」民俗について書いている本があれば見せて欲しい。

近く昭和初期頃まで、まだ全国的に残っていた「夜這い」民俗を、皆が忘れてしまったのだろうか。そんなことはない。明治末ぐらいから「夜這い」排撃の火の手は上っていたが、昭和三十年代には神戸市の北部で、まだ残っていたし、今でも知っている人はいる。しかし殆ど沈黙させられてしまっているのは、奇怪というべき風潮である。

なぜ、「夜這い」がそれほどかくさねばならない民俗なのか。私はそうは思わないし、「夜這い」民俗の理解がなくて、村落生活を知るのは無理だ。とくに「性生活」など「夜這い」を欠いてはどうしようもあるまい。今、その記録化をすすめる。

1　ムラの仲間組織

ムラ、村落共同体は、その開発者と子孫が中心になって運営される。後に移住してきた家の人や子供はムライリしないと、村人とは認められない。子供は宮参りすると村人として認められ、初詣りを見物に来た子供たちに菓子や文房具などを配って「子供組」に入れてもらう。ムラに住んでいてもムライリしていない家の子供は、いくら宮参りしてもムラの子供とはしない。ただしムラによると総領でないと認めないところもあり、こうしたムラでは総領が指揮をとり、二男以下は家来格になる。

ムラの子供は宮参りすると子供組に入り、だいたい十三か、十五で若衆組に編入された。したがって十二か、十四の子供が子供組のカシラになった。十二か、十四の子供が三、四人も居ると、お互いに選挙して「子供大将」を決めた。子供組としては共同の遊び場所を決めたり、ムラの行事や祭りに参加し、いろいろとカネを集めたりして運営の費用にした。女の子は別に女児組を作るムラもあるし、男の子と共同するムラもある。子供組は子供大将に指揮されて活動する。ムラのオトナたちは子供組の自治には干渉せず、殆ど子供の自由にまかされる。これが現代と違う大きな特色である。

ムラによって多少の違いはあるが、だいたい男は生まれて十二か、十四までが子供組。それからだいたい二十五か、結婚するまでが若衆仲間。若衆仲間はムラの行事、祭り、水喧嘩などには中心となって活動する現役兵であるから、大きいムラでは二十五か、結婚すると仲間から出るが、小さいムラであると三十五、四十ぐらいになっても出られないムラもある。若衆仲間を出ると四十ぐらいまでを「中老」、中老を出ると「元老」という。これもムラによると「取締」「肝いり」などというのもある。

女は十三ぐらいで初潮があると「娘仲間」に入る。娘仲間は「姉さん」を頭にして若衆仲間と交渉したり、共同作業をする。だいたい初潮があると夜這いの相手にされるが、ムラによると十五、十六になって陰毛が生えるまでは許されないのもある。「娘ガシラ」「姉娘」などといわれる娘大将を選出して若衆仲間やムラと交渉した。

嫁は嫁仲間を結成するし、嬶になると嬶仲間を結成し、五十〜六十以上になると婆仲間になった。嬶仲間は女組の中心であり、主力になって、男仲間などとの交渉には女を代表して働いた。婆仲間は、また念仏仲間などといわれ隠居になる。付言すると嬶とは戸主の女房であり、後家になると後家組を作るのもある。主人が早く死に、子供が幼いと、後家で家を代表して働く。嬶仲間として残すムラもある。ただし嬶が後家になって、夜這いや男遊びで妊娠しても、問題にはしない。姉妹や一族の女の子供にしてしまう。

2　子供の遊びと性

子供組のはっきりしているのは男の子の組で、ムラによると男と女が共同で組をするのもあるが、だいたい男組と女組に分かれる。男の子は男と、女の子は女と遊ぶのだが、そのムラによって共同で遊ぶのもある。「男と女は遊ばんもん、ちんちんかもかもで毛が生えた」などと唄ったムラもある。男の子と女の子は集まる場所も違うし、遊びも違うので、組として共同で遊ぶことは殆どない。

しかし個人的には家が近いとか、友だちが居ないとかで、男の子と女の子とがいっしょに遊ぶこともある。「コドモ、コドモとて、いつまでコドモ、七つ八つこそコドモ」と唄い、七つ、八つまでなら男女いっしょに遊んでもよいが、それ以上はいけない、ということになる。

ムラによると男の子が少なかったり、女の子が少ないと、男女がいっしょに遊ぶのもできる。私なども近所に男の子が居ないので、隣の女の子の家へよく遊びに行った。これが女大将で、近所の女児も遊びに来ており、よく泣かせて怒られた。尻めくりは、女児の尻をめくると女児たちがおさえつけてチンポをつかんでむいてくれる。痛いと泣いていると女大将が手をつかんで自分のマタへ入れてつかませてくれ、もう泣くなといった。初めてでなんだか大きいものをつかんだと思った。

その後、夏の川遊びに女の子がよびにくるので行くと、女大将が鯨の一尺さしを渡して、みんなのもん計れと厳命、七つ頃まではわれ目の計測でごまかせるが、九つぐらいから上もふくらんでくるし、ドテも高くなって直尺では計れない。しようがないから下腹のふくれたところから曲線に沿って尻の穴の近くまで計測、女の子でも大きいと思った。だいたい二寸五分（曲尺《かねじゃく》ではない）から三寸近い。しかし女の子でも色の白い子のはキレイだと思った。まだあまりサネの突き出していないのは、ほんまに「桃」みたいで美しいと思った。女大将のものなど、キレイであった。正確に計れるわけがないから女大将のものが最大ということにしてごまかした。

この女大将が十五、私が十一の春休みに誘われて性交、私も初めて射精した。結婚したいと思ってもできるわけなく、十九でお嫁に行った。

私たちのムラでは、いわゆるお医者さんごっこはやらなかった。七つ、八つでも女の子は、男の子をおさえつけてマラムキするし、男の子は女の子をおさえつけてつかんだりひねってやった。計測した女の子が一人前の娘になると、お前は俺にえらそうにいえんのだぞ。お前のものが何寸何分で、ドテの高さが何寸かわかっているんやぞ、と脅すと、もう、いやや、好かんと怒った。

当時は男の子はパッチ、女の子はコシマキだけだから、今の人には想像もできんだろうが、男の子がしゃがんだりするとパッチの合せ目からキンタマが出たりするし、女の子もしゃがむとコシマキが開いてオマンコが丸見えになった。学校の運動場で女の子がしゃがんでイシナンコやっていると、校長先生が中腰でのぞき込み、ソラ、見えとるぞ、見えとるぞとからかう。女の子が怒って校長先生の助平とたたきに行った。

女の先生の若い、こわいのが居り、お前、あの先生の尻めくりできるかとおだてられ、後からハカマをめくりあげたら、首筋をとっつかまえられてマタにはさまれた。肉身のマタにはさまれて息もできずフウフウいっていたら、どう、まだするか、カンニンかといわれ、カンニンとあやまって許してもらった。オマンコに毛が生えていたかどうかはわからなかったが、その頃の先生は上の着物は腰の下までの半分で、下はハカマでかくしているのがわかった。それでないと自由に歩けないし、夏は蒸れてしまうだろう。これで一ぺんに村中の評判になり、お前、先生にオシッコかけられたんやろとからかわれた。その後も、ちょっと来い、オシッコかけたるとマタにはさんでくれた。そのうちお互いにマラやオマンコをさするようになり、毛の多いのがわかった。

大正初めのムラの小学校というのはそんなもので、私に性交したという感じはなかったが、女の先生は十分に感じていたと思う。後に他のマチで結婚しているのと会ったが、もう一ぺんねぶらせてやろうかと誘ってくれた。

3　現役兵としての仲間組織

子供組というのもムラによって、いろいろと変わるので一言ではいえない。総領でないと宮参りしても帳面につけないというムラであると、たとえ十二、十四の子供が居ても、十や九つの総領が大将になる。つまり最も年上の総領が大将になり、二男以下は年上でも指揮を受ける。

昔、百姓一揆のあった頃は、九つ、十の子供でも総領であると、一族や小作人などを指揮して働いたそうだ。若衆仲間になっても、やはり総領が年下でも指揮をとった。まあ本家と分家を喧しくいうムラであると、水喧嘩とか、宮の祭りなどの喧嘩でも、本家の総領が指揮をとる。昭和の初め頃までは、まだそんな習俗を残しているムラがあった。そんなムラであると総本家というのもあり、ここの総領がムラの総大将になった。二、三男以下や分家、隠居では指揮官（将校）にはなれないのである。したがって結婚というと本家同士とか、他のムラの本家級でないと結婚しなかった。そんなムラはどこでもあるほど多いことはなかったが、そうした習俗が近代になって崩れたと思われるムラは多い。とくに山村地帯に多かった。

これで戦国時代の軍隊の動員状況がわかる。まあ、実際の動員では一族の優秀なのが副将や参謀になって補助したわけだが、しかし総本家としての責任はとらされたらしい。

維新直前に加古川流域（兵庫県播磨地方）ではしばしば大きい百姓一揆があり、それに動員されて騒ぎ廻った人たちも生き残っており、十七で小作人や分家を指揮していた総領の話では、二十人ぐらいの部隊で、あちらこちらのムラを荒らし廻って面白かったそうだが、あまりやりすぎないように制御するのと、鎮圧軍と抗争しないでうまいことまとめて逃げて帰るのに苦労したそうだ。若くても本家の総領というと、それだけの権威があった。

戦国時代の戦記物語や徳川時代の百姓一揆の記録を読むと五千、一万という軍隊が忽ち動員され、戦争に負けたり、幕藩の鎮圧軍が出動してくると一万、二万という兵士がアッという間に逃げてしまい、そのあたりには居なくなる。百姓一揆などムラ、ムラの暴れ者が勝手に集まってきたと思うのは大間違いで、ムラ、ムラで若衆仲間や小作人などを指揮して出動する機構があったから、忽ち五千、一万という兵士が動員され、退却となると忽ち自分たちのムラへ逃げ帰ったのである。それでも逃げ遅れてつかまった者も出るわけで、ともかく出征した時の兵士たちをそのまま連れて帰るのは大変であったらしい。これで本家を中心として結集し、総領の指揮下に戦っていた機構がわかるだろう。

子供組から若衆仲間の組織はムラを守るための現役兵機構であり、その指揮は本家の総領たちであったことがわかる。他の本家、総領などの機構のないムラでは、地主、豪農などの旦那衆が指揮したり、若衆頭が指揮したのだが、やはり実戦となると本家総領制には及ばぬそうで、本家総領制の場合には、若い総領でも出動人員をまとめて帰ってきているのに、他は殆どバラバラで逃げ帰ったり、鎮圧軍に捕らえられたりしているのが多かったそうである。これで宮参りの帳面づけを総領に限ったムラの実況がわかるだろう。「宮参り」という民俗でも、昔はそれだけの意味があったのである。

ただし平素の子供組というのは、十二か十四の年長者がカシラになり、子供たちを統制しており、これに大人も、若衆組も口出ししなかった。昔のムラは中老（大人）、若衆組、子供組の三権分立で、お互いに干渉することは避けた。周辺のムラと喧嘩になっていたのを仲裁が入って仲直りしたが、子供組が反対して承知せず、大人や若衆仲間がもて余して閉口した例があり、それだけの独立性があったことがわかる。ムラによっていろいろと異なった方法や機構があったのは、それぞれの歴史の発展と経過の中で生じたものといわねばならぬ。

4　若衆入りとその儀式

ムラの成年式は、殆ど十五歳であったが、稀に十三歳のムラもあった。たいてい正月の四日から二十日ぐらいの間に、成年式の日を定め、当日は新しい入会者、これを「日の出」若衆という地方が多いが、ムラの公会堂、神社、寺院などの式場へ集め、若衆頭から仲間の規約、作法などを伝達し、酒宴をして解散するのが普通である。

ムラによって難しいものもあり、酒一本を提出するとか、皆で飲食する費用を出させるとか、いろいろと違いがあった。昭和初期に飲食費などの出費が多くて支払えない者もあって、夜逃げして問題になったムラもある。ともかく古参者が、いろいろと新参者を苦しめるのを修行だとするムラも多くて、泣きねいりになったり、紛争になったムラも多い。

若衆入りするのは現役兵として徴集するのだから、一応の検査をするムラが多かった。だいたい四斗俵か、五斗俵をかついで、百間ぐらい運ばせるとか、かついで走らせるとか、いろいろテストした。そのため集会所の庭に平素から四斗、五斗の土俵を置き練習させたり、「力石」を置いて差上げさせたりして鍛練する。テストの日には嫁、嬶、娘なども動員して応援させるムラも多かった。ここで失敗すると夜逃げするほかないので、身体の弱い者はマチへ逃げるのもあった。しかし、まあ十五の年頃ならだいたいのムラでは、できるというしきたりにしてある。ただ川舟運送の盛んなムラになると河岸の急坂を米俵その他重量荷をかついで上り、下りするので、特別に検査をし、合格すると仲仕ができた。

この地方では若者たちの間に鍛練が行われて、その一種にマラカケがある。これには茶瓶カケ、土瓶カケ、鉄瓶カケの三段がある。茶瓶カケは普通のアルミ製などで軽い。土瓶カケは陶器・土器製で中位。鉄瓶は最も重い。大きさは普通三合入ぐらいの小形である。最も軽いのはカラカケ、なにも入れない。次はミズカケ、水を入れる量で一合カケ、二合カケ、三合カケになる。水の代わりに酒を使うとサケカケになる。次に掛ける場所によってネカケ、一寸カケ、二寸カケ、三寸カケ、五寸カケというが、まず、五寸カケは稀である。こんなテストでだいたいの底力がわかる（という）。

私が十五、六ぐらいの時は茶瓶カケ、二合ミズカケ、二寸カケで精一杯。強いのは土瓶カケ、三合ミズカケ、三寸カケがあった。マラのソリ工合もいろいろで、天を突くようなハネソリ、中段のダシソリ、横一のサゲソリとあり、ハネソリ、ナミソリでないとテストできない。大正や昭和初期のムラでは、若衆たちが雨天になると納屋へ集り、これでマラカケ競争をやり、一位はタダ、二位は十銭、三位は一円などと決めて酒、菓子などを買って遊んだ。

土佐あたりでも盛んであったらしく一升入り徳利をネカケにして七十間の橋を渡ったな

どという豪傑のハナシがある。こんな強い男根にするには性交のほかにない。マスではだめである。

ムラでは十三歳にフンドシ祝い。初めて白布またはアカネのフンドシをする。このときオバとか、年上の娘が性交を教える。十五歳になると若衆入りで、すべての男が年上の女や娘から性交を教えてもらう。いまの若い男どもは、夜這いですらウソだなどと教えられ、結婚まで童貞が理想と教えられかわいそうだ。

つまり、ムラでは十三か、十五になると公式に性交教育を受け、後は夜這いで錬磨した。ただ十三、十五というのは公式の儀礼で、その人たちによって違うが十にもなると女や娘たちが性交を教えるのもある。私は十から教えられ、十一で射精、十二、十三ぐらいになってフロや泳ぎで他の同年の仲間と比較、太くて大きいのにびっくりした。女と関係のないのや、少ないのはスボケで短小である。男根は使わぬと太く延伸しない。後にアシカケ六年、マル四年の刑務所暮らしをやって出て見るとナサケないことになっていた。思想犯は独居房だからマスよりしようがなく、おまけに二十五から三十歳の盛りに使用できず、後までこたえた。

性教育などといって詳しく、難しい理論など教育しなくても、実地教育をやればすぐわかるし、立派な性器の男に育ってくれる。性交をさせない性教育など、かえって危険である。いまの小学生の性教育など「性知識教育」で、あんなものは教えない方が、まだよい。

私の経験では女の子でも九つ、十一にもなると、あんがいによい女になる。好きな男の子ができれば、すぐ女になった。それを、男の子にも、女の子にも、絵を書いて、よけいな知恵をつけるだけで成年式の二十まで性交禁止を理想とするなどと、どんな根性しているのかわからん。もう十一、十二になったら性交をやらせる教育しないとほんまに子供がかわいそうだ。

5　フンドシとコシマキ祝い

民俗学者というのは殆どが世間知らずだから、ムラの人間の公式的な答えで、すぐ安心してしまう。とくに性民俗などは、よほど信頼されないとほんとのことはいわない。私の若い頃はみんな、もっとアケスケにしゃべった。夜這いばなしなど、いくらでもしゃべったし、今晩行ってみるか、と案内してくれる者もいた。

播磨、摂津、丹波の三国境地帯の山村には、いろいろと古い性民俗が残っていた。この地方はどこでも明治末、大正初頃まで十三のフンドシ祝いが残っていた。明治四十二年生まれの私ぐらいが、恐らく最後ではなかったかと思うが、丹波、但馬に近い山村では昭和初頃も残っていた。

行事の内容はムラによって差があり、播磨の加古川流域では子供が十三になった誕生日に、オバか、それに近い女からフンドシを贈られた。それまではパッチであったが、それからフンドシをしめるようになる。先輩に見せられると、うらやましかった。だいたい白布であったが、ムラによると赤布、これをアカフンといったが、赤色、黄色、赤茶などの色のものを贈ることもあった。これを母や姉などがフンドシに仕立ててしめ込みさせ、その晩に白餅、赤餅で祝い、フンドシを送ってくれた家や近所の家へ配った。

しかし山奥のムラになると、他のムラ、とくに母親の姉妹の嫁しているムラへ、白布とか、赤布一反に酒一升か二升、米一升か二升または重ね餅を添えて持参する。その家では当日、主人や他の家族は他所へ行き、オバだけが待っている。だいたい正午頃に着くようにするのが多い。行く家は、戸閉めしている家もあって、今日、フンドシもってくるとわかる。しかし、それほどしないムラもある。

ともかく家へ着いてアイサツがすむとオバは三方にのせた反物を中心に酒と白米か餅を供える。このとき八幡大神の掛軸をかけるが、ない家は天照大御神や春日大神の掛軸をかけた。礼拝して酒を下し、子供と盃で三献する。次に反物を下してフンドシを一組か二組か作る。子供を裸にしてフンドシをしめ込んで、その作法を教えてやる。フンドシは本仕込みである。すむと隣の間に連れて入り、初床の作法を教えてやり、性交の実地教育をする。教育が終わると送り出してやる、というわけだ。オバさんのことだから、念入りに教育してもらい、それから結婚しても生涯、交渉する。だいたい、そんな民俗が多い。

フンドシしめるときに般若心経を唱えるムラもあるし、フンドシ作った余りで自分のコシマキをとって使うムラもある。他の地方ではオバクレフンドシというムラもあり、地方によって差があるが、殆ど同じような行事が広く行われていたのである。

ただ十三というのは、いわば公式儀式であって、それ以前にすでに性交を教えられる子供も多かった。私のムラでも「ノリ屋のオバハンがのう、十三むすこのチンかんで、痛かった、痛かった」とウタにして歩いたのがあった。前述したように、私は十の冬に近所のオバハンとコタツで性交、シバカキでも誘われた。十一には射精がわかった。私だけでなく、共同風呂にくる男の子にも十か十一で近所の嬶に初交されたのもあり、かわいい子供だと、相対に早かった。フンドシするまでに初交を終わっている子供もあったのである。

夜這いの盛んな時代ではオトコもオンナも初交が早い者も多かった。もう共同風呂をやっている家の子供であると、フロから出てくると次に入るオバハンが待っていて、お前もうチンポ大けなったやないか、見せてみい、とつかまえて、つかんでしごいてくれた。チンポむかれて、痛い、痛いと泣くと、ようむかんと嫁はんもらわれへんぜえ、とまたむいて、しごいてくれた。こうした嬶どもは、次にコタツなどに誘って初交いわゆるフデオロシになる。

おい、お前とこの嬶、うちのムスコ、男にしたぜえ。うん、ちと早いな。なにが早けりゃ。などとオヤジどもも平気でハナシしていた。だから公式の民俗としては十三だが、早いのは十、十一で経験する者もあるし、十三になっても男にしてもらえない者もある。女の子もそうで、十三になるとカネイワイといい、昔はこれもオバなどがオハグロ道具一式を贈って成人を祝った。オハグロをしなくなってコシマキを祝うようになったムラが多いようだが、この変化はまだ明確でない。しかしコシマキを祝うようになっても、やはりオハグロ祝いというムラもあった。

しかし山村などになるとコシマキを新しくしめるのを教えてもらうというので、ムラの長老や一族のオジなどに娘を連れて行った。これを夜に行くのでなく、昼すぎに行くムラが多い。そのときにやはり米一升、酒一升を持参するのが多い。その家では母親がアイサツして帰ると、娘を寝床に連れて行き性交して教える。帰るときには出血のついたフキ紙とか、白布を持たせて送って行く。あるいは母が迎えに行くムラもあるそうだ。これでミズアゲがすみ、一人前の女になったというので、若衆たちが夜這いにくる。娘によると、やはり顔見るとはずかしそうだが、それからは結婚とかいろいろの相談をすることになる。ムラによって、その後も関係するのもあるし、その後はしないというムラもある。これは男の場合も同じである。

これで男も女も十三というのが、公式に子供から大人になった儀式をしたのがわかる。しかし、ムスメの方もベッピンになると、十三になる前に女にされる者も多いのに対し、十三になっても女にしてもらえない者もある。男の子も、女の子も、そうして疎外される者もあり、母親が男にしたり、父親が女にするのもあるそうだ。ただムラではそういうのをあまり喧しくいわなかった。そういう了解がなんとなくあったので、それで子供ができても批評がましいことはいわずに、すんだらしい。

女の子も、七つ、八つになると、もうムラならハタヤ、マチならマッチ工場などへ働きに出され、あるいは子守などに出される。紡績工場のクダマキ、マッチ工場のハコハリなどは殆ど七つ、八つから十ぐらいまでの少女だが、彼女たちは、たいてい百円ぐらいで、三年から五年の年季で買われてきた。そして、かわいい子はすぐ旦那、番頭、男工たちが女にした。町工場などだと四、五人新しい女の子が入ると、男どもがクジ引きで決め、祝いだと酒をのませ、そのまま女にした。

しかし、これはまだよい方で女衒に売られるとその日から酌婦や女郎として商売をさせられる。同じ男のオモチャになるにしても女工ならそれなりの自由もあるが、これらでは全く欠失する。

女郎稼業は満十五歳と法定されているが、戸籍ぐらいゴマかすのはヘイチャラで、お茶子に七つ、八つから売られるのも多く、お客があると、子供でも相手をさせる。ただしかなり高く売る。これは半公然だが、八つ、九つぐらいの女の子をヤミ売りするのもあった。ほんとに初交か、どうかで業者と喧嘩するのもあった。まあ十人ぐらいまでは初交にゴマかす方法もある。そういう女の子の世界も確実にあった。

大阪や神戸のマッチ工場が盛んであったとき、七つ、八つの女の子がハコハリ、少しなれると軸ならべなどをやっていたが、行くと、兄ちゃん、遊ばへんと誘う。お前、男と遊ぶのんわかっているんか。わかってるよ。前、ひろげてみい。見たらええ。病気がないか、どうか検査せんと危ない……。今、そんな世界がなくなったか。私はそれを信じるほど楽天的ではない。それは特異な世界だというかも知れんが、その一端は小学校教育を受けられる女の子の世界にも確実につながっている。そういう特異な世界は切捨てて、というのなら、教育とは傲慢で、無慈悲な世界だ。そうした教育に未来はない。

6 若衆への性教育——筆下し

人口の少ないムラや、特に理由のあるムラは、十三歳を一人前にして若衆入りさせた。しかし平野部のムラや人口の多いムラは殆ど十五歳を一人前として若衆仲間に入れる。若衆入りは十五になった正月の、たいてい四日から二十日ぐらいの間の日を選んで新入りの日にする。百五十戸、二百戸ぐらいのムラで、だいたい毎年平均して若衆入りするのは四、五人である。小さいムラだと二、三人が多い方だろう。

大きいムラであると、いろいろと難しい規約や民俗のあるムラもあった。一般には新入りが宮の拝殿、寺の本堂、集会所などへ出頭、区長以下ムラの代表が列席、若衆頭が新入りを、他の仲間やムラの幹部に紹介、仲間の規約や習俗を訓示、それが終わると酒宴になって終わる。しかしこれはムラ、ムラでいろいろと違う。新入りに規約を読み聞かせ、覚えさせるのが主であるが、ムラによっては百ヶ条以上というのもあり、読むだけでうんざりだが、これを覚えているかテストしたり、先輩たち一同がお前はこんな悪いことをしたとか、もう女に夜這いをかけているなどと人身攻撃をやり、みんなの前で謝らせる。まあ相当ひどい新入り虐《いじ》めをやるムラが多い。

若衆入りすると一人前の村人として認め、土木工事や農作業などに出ても一人前の賃金を払った。また女との交際、女遊び、夜這いも公認された。また結婚もできる。悪いことをすれば大人なみに処罰されるし、責任もとらされる。どこのムラとも限らないが、昔は殆どのムラで初入りの日か、その夜に一人前になる性教育というより、性交の技能を教えた。ムラによっていろいろ違うし、年代によっても変わったらしいが、だいたいに集団教育、個人教育にわけられ、また教育してくれるのも後家、嬶、娘、尼僧、酌婦などいろいろと広い。最も典型的なのは後家による雑魚寝の形式だろう。だいたい五、六人以上の新入りのあるムラに多い。

ムラにはたいてい神社、寺院があり、他に仏堂や庵寺（尼寺）のあるのも多い。この独立の仏堂や庵寺はムラ境とか、墓地の端に多く、ムラの住居地域からは離れている。新入りの若衆を多くの地方では「日の出」という。その日の出たちを夜、六時頃から仏堂に集める。ムラでは人数だけの後家を集めるが、足りないと四十ぐらいの嬶がクジとか、順廻りで出る。つまり毎年、不足があるかもわからないので、そのときの仕方もきめる。しかしムラによると、その年によって嬶たちが相談して決めるのもある。だいたい夕食を終わってから堂へ集まり、人数が揃うと堂を閉めてしまう。冬だから堂内は真っ暗くなり、僅かに本尊の前の大ろうそくだけが輝く。その前で後家さんたち五名、若衆五名がクジを引く。クジの決め方はいろいろでムラによっても、その年の人数でも変わる。

あるムラでは女たちがお互いに相談して片手の平に墨で南、無、阿、弥、陀と書く。若衆たちも手の平に南、無、阿、弥、陀と書いて終わると、双方の手の平を見せ合って、合った者同士が組になる。このときは「仏」は本尊さんということで、これで決まった組は絶対に変更できないとする。狭いムラだから母親や後家とその子が当たったり、オバやその他の肉親と当たることもあるが、変改はできない。ムラの女によると、あれだけは当たらんようにと思っていると、かえって当たるそうだ。それで母と子やオバとオイなどが事実上の夫婦みたいになったり、子供もできるのがあるそうで、しかしそれは仏さんが決めたことというわけで、悪口をいったり、そしったりしないで受け入れるらしい。

昔は母子の子であろうと、オバ・オイの子であろうと、後継ぎの子にしたそうだが、明治になって戸籍を喧しくいうようになり、女の私生子にしたり、親類の女の子にしたりする。他の後家の場合も同じだ。もっと古い時代は、殆ど水子にして流したのだろう。

ただし当たった女と若衆が一年間、ずっと関係するかどうかは、お互いの好みによるわけで、決められていない。人数が少ないとジャンケンやヒモを引いたりして決める。しかし、これだと母子を避けたり、好きな子をとったり、インチキできるそうだ。イヤ、そんなことは絶対にしないと堅い後家さんもある。しかし、だいたい後家さんも、新入りの若衆もわかっているのだから、あの後家さんならええがとか、あの若い衆が欲しいなどと思うのは当然だろう。それに経験ずみの若衆たちが、あの後家は手荒いぞとか、あの後家さんは親切にしてくれるとか、いろいろと情報を与えたり、脅かしたりするから、若衆もワクワク、ヒヤヒヤらしい。まあ、そんなハナシを聞くのも楽しい。

ともかく堂が閉められ、組合せが決まるとならんで般若心経を二回唱える。後家さんたちが当たった若衆に暗唱できるよう教育する。たいてい前に家で母親などが教えるのが多いらしい。それがすむと西国三十三番札所の御詠歌を合唱する。これにも京流、河内流、大和流などと土地で流儀がある。御詠歌は河内、播磨あたりでは中山寺になると小休止、茶をのんだり、餅や菓子をたべて雑談する。お前のオヤジが初めてうちへ夜這いにきたときは、などと笑わせながら緊張をほぐしてやる、など女たちもいろいろと気を使う。

御詠歌がすむと、お前らは外で小便して来い、ようしぼって出すんやぞ、と若衆たちを追い出す。私の知っているムラのお堂はたいてい山の中で、周囲が墓地であったり、西国札所のミニ札所だったりで、便所などなく、男女ともそこらの山中でしていた。若衆を追い出すと女たちは掃除をして、フトンを敷く。五組ぐらいで満員である。すむと若衆たちを呼び入れて組になってネヤへ入る。たいてい南、無、阿、弥、陀の順にするそうだ。入ると女が男を抱きよせてやる。オバハンとこ、柿の木ありまっか。あるぜ。この間に女は帯をといて半身を裸になる。よう実がなりまっか。よう、なるぜ。サア、見てんか。いうてもなかなか手を出さないそうだ。そこで男の手をひっぱってお乳をにぎらせたり、さすらせたり、吸わせたり、女は教育に忙しい。すでに女の経験があるかどうかすぐわかる。

男はわしが上がってちぎってもええか。サア、はよ上がってちぎってと、チンポをにぎって上がらせ、内へ入れさせる。

書くとこんなことになるが、初めての男だと、いろいろと手間がかかるらしい。女の方も初めての男を喜ぶのもあるし、イヤがるのもあるそうで、なかなかうまいこと当たらんらしい。隣は激しくピストンしているのに一向に、立たんのもあって、こんなのに当たると困るそうだ。お隣の情況に気をとられるのもあり、アホ、横見てんと気入れんか、と叱ったり、大変らしい。まあ、オバハンたちはいろいろと面白いハナシを聞かせてくれるが、後家さんだから、お前、今日はウチで泊まるんやぜ、ということになる。

ともかく第一工程が終わると一休みして、お茶になる。それから第二工程に入り、いろいろと高級技能の伝授になった。だいたい後家さんだからチャンスをやるらしい。最も困るのはインポで、後から自宅へ通わせたのもあるそうだ。マジメな子供だと、母親が心配していろいろと試験官に頼むのもあり、うまくすむとヤレヤレというのもあるらしい。これでねてしまうが、朝は早く五時頃に起床、フトンをしまい堂内を掃除、若衆たちには洗面させ、すむと堂に入り本尊さんの前にならんで般若心経二回、西国御詠歌二度がすむと若衆たちがならんで先生たちに礼をいってから解散。若衆の家では母親が朝飯を準備、終わるとたいてい昼すぎまでねさせるらしい。
ただし、これは播磨加古川流域地方の民俗で、有馬、武庫郡から丹波地方では、ここは、デボチン（頭）、ここは、おめめ（目）、ここはおくちと下っていき、ここは、オチチ、このあたりからハダカになり、お乳をさわらせたり、すわせる。若衆はもうふらふらになって、ここは、まだ早い、と叱られて、ここはオヘソ、ここは、もっと上や。ここはオサネ。ここは、フフン、フフ、フフ。馬なら乗らして、と腹の上へのぼる。うちはあばれ馬やから、ようかきついとらんとハネとばすよ、と脅かされる。これを乗馬型、前のを柿の木型という。九州から東北まで殆ど柿の木型で、乗馬型は少ない。他にも一、二、別の型がある。私も柿の木型で教育してもらったが、性交はすでに経験していた。しかし初めての者もあった。ともかくごく最近まで、ムラでは極めて宗教的な性教育もしていたのだ。

また地主、豪農などは、お互いに知り合っているから、他の郡でも適当な人を探して、茶、習字、和歌、謡曲などの教養的教育を頼んだ。その家のオイエサンが多いが、ゴリョウニンサンでも主人に承知させて頼む。これも殆どそうした教授のうちに旦那の留守などに性教育する。浮世絵などを持ち出して、うまいこと教育する。お互いに預かったからには性教育も承知したのだから、旦那も一向に苦にしない。どっちの子供かわからんのもあるが、自分の子にする。旦那が死ぬと、そのまま続く。男が結婚しても関係の続くのもある。結婚すると切れるのもあるが、そのまま続くのもある。

男の方は、芸者遊びもするし、ムラの女にも夜這いするし、なかなか発展する。ムラによると地主なら小作人の水呑百姓の娘、嬶を自由に夜這いするのもあるし、その女中、女工などの使用人は全く自由に使った。地主によると小作や雇っている女や娘は家へよんで使うのもある。それを嫌うムラもあるが、山村などであると喜んで行くのもある。旦那に女にしてもらえと十~十三ぐらいの娘を頼むのもある。そんな旦那の家へ政治家や県庁、銀行などの偉いのが宿ると、女学校へ行ってる娘を差し出した。ムラの連中は、上には上があるか、と大喜びした。もとより娘も、処女とは限らない。が、いずれにしても娘を献上したのだ。北陸あたりでは本願寺の法主や息子が行くと、娘を献上したり、女房を奉仕させたりしていたそうだが、そういうのもいろいろとある。

7 娘の民俗――初潮祝い

女の月経は、つまり初潮はだんだん早くなり、もう九つ、十になるとあるらしいが、徳川時代から明治頃はまだ「秘蔵娘も、はや十三や豆がはじけて月を見る」といい、十三ぐらいであったらしい。古くは初潮があってから行事をしたのが、十三の年の誕生日とか、ヒナの節句などにやるムラもあった。初潮があってからだと個人的になり、その家の行事になるが、一定の日に限ると、ムラの女の子は、その日になれば自動的に娘になる。これは娘宿の残っているムラに多かった。

5節でも簡単に述べたが、ともかく娘が十三になると親たちは、娘になったというオヒロメの準備にかかる。だいたい東播地方では十三になると吉日にオバたちからオハグロ道具一切を贈って祝った。もらった家では、娘の歯にちょっとつけて祝いをする。オハグロイワイというムラが多く、ムスメイワイというムラもあった。これがすむと夜這いがくるムラもある。しかし明治後半になって、初潮がないと娘にしないムラが増えたらしい。十三になれば、いずれ初潮があると予定したのだが、稀にない娘もあったのだろう。そのうちオハグロなどぬらなくなったからオハグロイワイをやめて、コシマキを祝うようになる。

それでコシマキイワイといったが、やはりオハグロイワイといったムラもあった。コシマキは赤布であるが、赤に限らず、黄色の混じったのもあった。この方が月経を漏らしてもわかりにくいからというのもあったが、その検証はわからない。好みを尋ねて桃色から深赤まで、いろいろと選んだのであろう。

あるムラの例によると、十三になって初潮のない娘もあり、初潮がないと祝いができないとすれば、いつまでも子供のままで居なければならない。十三になって、定められた日にどこの女の子も娘になれば、そんなこともなくなる。十三になって夜這いを迎えていると、遅れていた娘も成熟して月経もあるようになる、というムラもあった。ともかく十三を一つの節目と見て、男の子と同じように祝ったわけである。

その祝い方は、以上の通りであるが、播磨の市川流域、夢前川流域では十三娘の初潮を、丁重に祝ったムラがあった。月経があると親類、一族、ムラの顔役、学校の先生まで招くのもあり、将来、婿を探してもらえるような有力者を招待するのだ。朱塗の客膳にタイの焼物、ハモの吸物、赤飯を出し、桃のあるときは桃、ないときはリンゴを赤く染めて、笹の葉、松葉、ひいらぎ、ひばなどの小枝を挿したものを添えて出す。これをサカエギというが、これで客は娘の初潮祝いとさとる。娘が挨拶し引っ込むと、オメコ、チンポの大騒ぎになった。ただし、これは地主豪農だけで、中流以下ではできぬ。後には仲居、芸妓を招いて騒いだり、マチの料理屋で開くのもあった。こんな祝いのできるのは、ムラでも三軒か四軒ぐらいだ。

その次の中流ぐらいの家になるとオコワをむして重箱につめて近所や親類へ本人が配る。もらった家ではオウツリの祝儀にカネや装身具を与えた。大正、昭和初期には桃割れ髪にし、赤い腰巻にして出した。これでムラの人たちも女になったのがわかった。その次の下層になると赤い腰巻、桃割れ髪で近所を歩かせる。近所の家では用意の祝儀袋や祝品を与えた。まあ、同じムラでも、このくらいの差があった。しかし他所のムラから女中や子守に来ている娘になると、よほど雇い主が気のつく家でないと突然出血して驚いて女たちが手当てしてあげたり、教えるのが多い。つまり同じ初潮の祝いといっても、三段、四段もの差があるわけで、単一の民俗ではない。とくに祝儀や葬礼などの民俗は、同じムラでも階層でかなり大差がある。若衆入りの民俗でも、階層によってかなり変わるのもあった。それを詳しく書くのは大仕事になるのでやめておく。こうして初潮があると、若衆たちが夜這いにくることになるが、ムラによってかなり違いがあった。

初潮があってしばらくすると母が娘を連れて水揚げの依頼に行く。だいたい午後に、ムラでも水揚げが上手で人柄もよい人とか、他所のムラの親類の長老などへ相談の上、訪ねて行く。酒一升とか、白布一反とかいろいろ決められている。巧者で、末長く相談相手になれるような人を選ぶ。若い道楽者はダメだ。

娘はその朝に母親と風呂へ入り、よく洗ってもらい、だいたいの様子を教えられる。桃割れ髪に、新しい赤の腰巻きをして、帯をしてもらって行く。訪問先では男だけで、他の家族は居ない。三人でしばらく談話、といっても本人はなにもいわぬらしい。水揚げは、納戸を使うことも多いらしい。納戸というのは地方により、家により違うので、なんともいえぬが、だいたい入口が一カ所で、三方が壁になっているのが本式であった。そういう納戸であると中で夫婦や男女がどんなに騒いでも外へは洩れない。初めての水揚げは、こうした納戸のある中流上ぐらいの階層を頼む。三十分か一時間ぐらいで終わるが、二、三時間ねていると、また母が迎えに来てくれるのが多いらしい。いろいろとテクニックはあるらしいが、若衆みたいに飛びかかってくることがなく、やはり上手にしてもらったという。私はいろいろと水揚げも見たが、若衆や商賈で買ったのは泣かせたり、あばれるのが面白いというのだから、とても比較にならぬだろう。

ムラの若衆たちが夜這いにくるムラもあるが、娘仲間が管理しているムラであると「十三と十六　ただの年でなし」「十六の　春からひえを　蒔いたよう」というわけで初潮だけでは一人前と見ない。ひえを蒔いた状況、つまり陰毛の成育状況を検査して合、不合を決めるという合理的なムラもあった。こうしたムラでは若衆頭が娘の希望も聞いて好きな者や熟練者に水揚げさせる。

しかし断っておくがこんなムラばかりでなく、若衆たちがクジビキその他で決めたり、早い者勝ちというのもある。

遊廓やノミ屋街などでは少女というだけでなく、月経前の女がいいという買い手もかなりあって、八つ、九つぐらいの少女も売られている。戦前のスラム街やドヤ街では八つ、九つの女児でも売淫をやるし、また売られて行く。人間の世界にあまり幻想をもたぬことだ。もう小学生になると、好きや、ほれたというし、ヤキモチも一人前にやってくれる。今の性知識教育みたいに四年生、五年生になって性理論を教えておいて、いつ実行させるつもりなのか、それをとっくりと性教育の先生方に聞かせてもらいたい。理論だけ教えて、実行を禁圧していると、どうなるのか、そのほうが恐ろしい。

戦前のムラでもだいたい十三、十五を性交教育の時期にしたが、女だけでなく、男の子も八つ、九つぐらいから売られるし、十ぐらいからは男色で売られたり、強姦されるのもあった。そんなのは特殊だと思ったが、ヤミの世界をのぞいてみると、あんがいに一般化されているのもわかった。すこしでも露頭の見えるようなものは、その底はかなり広く、深いと考えてよい。そのように、水揚げとか、筆下しというのは、ヤミでの売買も激しかった。

8　夜這い

(1)　国家の弾圧

性の基礎教育が終わると、いよいよムラでは夜這いが登場してくる。

夜這いとはなにか、これがなかなか難しい課題である。一般には夜這いを、古代に男が女の家へ通った「よばう」民俗の残存という考え方が多い。国文学関係の研究者に多い考え方だが、それでは古代から中世、近世をどのように経過してたどってきたのか、それがわからない。古代から、中世、近世を飛び越して、近代に復活したと考えるには無理がある。今の資料で見ると徳川時代には広く夜這いが行われていた。しかし中世の情況が明らかでない。戦国時代にも行われていたようだが、その実況はまだ明らかでない。

徳川時代の法令、藩法、郷村規約などでは、しばしば夜遊びや夜這いの禁令を出しているが、それは婚姻制的な強制でなく、風俗的な取締りというべきものにとどまっていた。

明治政府は、一方で富国強兵策として国民道徳向上を目的に一夫一婦制の確立、純潔思想の普及を強行し、夜這い弾圧の法的基盤を整えていった。そして、他方では資本主義体制の普及と発達のため、農村、とくに貧農民を農村から離脱、都市に吸収して安価な労働力として提供し、農村では小作農として定着、地主の封建的地代の収奪を強行させ、地主対小作の対抗を尖鋭化させた。こうして都市や新興の工業地帯の性的欲求のために遊廓、三業地、淫売街などの創設、繁栄をはからざるをえない。そうした資本主義的性機構の発達によって巨大な収益を期待した。

これに対して農村地帯で慣行されている夜這いその他の性民俗は、非登録、無償を原則としたから、国家財政に対しては一文の寄与もしなかった。政府は国民道徳との背反を知りながら、この巨大な税収源を放置できず、農村の隅々まで仲居、酌婦、芸妓を普及させ、料理屋、風俗旅館、酌婦宿などの機構を通じて収奪を強行した。これらの営業税、遊興費と酒その他の飲酒の税収を合すると巨額の税収となり、国家財政、とくに軍事費に寄与したことは間違いあるまい。

明治政府は、都市では遊廓、三業地、銘酒屋その他、カフェー、のみ屋など遊所の発達を保護、督励し、はるかに広大な領域の農村にも芸妓屋、料理屋、性的旅館、簡易な一ぱい屋などの普及によって、その営業税、酒、ビールその他の酒類の巨大な税収を企図したのであり、一夫一婦制だの、青年、処女たちの純潔教育など、ただの表面の飾りにすぎなかった。したがって広く、深く普及していた農村の性民俗、とくに夜這い慣行に対して徹底的な弾圧を加えたのは当然であった。

政府としてはムラごとに若衆仲間、娘仲間を基盤に夜這いその他の性行為を記録させ、一回について十銭ぐらい、男女双方から徴収したかっただろう。それでも巨額の収入になるだろう。いくら罰則を重くしても脱税と、その方法をいろいろと案出したにちがいないが、ムラに続出した一パイ屋、酌婦屋などの営業税や酒税による収入と、どちらが大きかったか。一ぺん計算してみたい。ともかく、そうした国家財政の目的のために、ムラやマチの夜這い慣行その他の性民俗が弾圧されたことは間違いない。要するに夜這いその他の性民俗は、それほど広く、深くムラやマチに普及していたのである。

(2) 夜這いの成立と普及

夜這い民俗の成立と普及には中世の戦乱の様相と展開とに密接な関係があると思う。南北朝戦乱後の足利政権の弱体化と内乱の激化、戦国時代の出現と国内統一に至る過程がどのように村落共同体の発展と変化をもたらしたか、いまだ明らかになっていない部分が多いが、共同体としての結合、共同体を維持する機能は発展したであろう。いわゆる年齢階梯制といわれるムラの機構が、長い戦乱の過程で発生し、発展したのであろう。それがムラを維持し、戦乱から防衛し、生存するための政治的手段であったのは間違いあるまい。

すなわち荘園領主や守護大名、領主たちの駆使と掠奪から村落共同体を維持し、生存するための機構として創建されたものというべきであろう。

だいたい機構の中心となるのは若衆組を主とする機構で、現代的な兵制からいえば「現役兵」に当たる。これに次ぐのが中老で、ムラの動員兵力の中枢となるだろう。子供組の組織はその補助となり、長老組は後備的役割を果たすだろう。そういう体制で戦乱の中で、他の軍隊の攻撃、収奪と戦ったのである。戦記類は殆ど豊臣時代から徳川初期に書かれたものなので、そのままには信用できないが、しかし戦乱時代とは近いのだから、断片的には信用できる資料もある。

私などは次のように考える。他から軍隊が攻めてくる。土地の領主は一応、城にこもって戦い、敗けると死んだり、他へ逃亡する。そのとき彼の支配下にあったムラは、どうしたか。たとえば攻めてきた敵兵が青田を荒したり、稲を刈取ってしまうということをよくやっているが、それをムラはただ見ていただけか。あるいは敵兵が乱入して娘、嫁、嬶どもを強姦したり、殺したり、連れて行ったことも多かっただろう。落城の際の城に居た女たちは城主の妻や娘ですら悲惨な最期を遂げるし、侍女、下女たちにいたっては強姦はもとより、殺されたり、連れ出して売られたり、いろいろであっただろう。それをムラはしかたのない天災みたいに感じていただろうか。私は、そうは考えない。

私は神戸の背後の六甲山脈、その北に続く丹生《にゅう》山系の裏六甲の山地を十数年にわたって歩いたのだが、山城とみるには簡素すぎるが、たしかに土塁らしいものを築いたり、山腹や頂面を平坦に削り、周辺に低いが土盛をやっているのが多い。私も初めは軍隊の連絡や監視の遺址でないかと考えたが、よく調べてみると、湧泉もあるし、ムラの情況や軍隊の移動などがよく監視できる地点がある。簡単にいうと敵軍が攻めてくる。ムラではすぐ女や子供をこうした山林中へ逃げさせ、当分の生活をさせる。残った男どもは、ある程度はムラを守って家へ放火したり、青田刈りを阻止したりして、それでも少しでも残して、いよいよとなれば女、子供のかくれた塁へ逃げて合流、更に山奥へ逃げるとか、いろいろと防衛の努力をしていたにちがいない。戦記そのままを信じられないとしても、敗戦、落城となると、その領地のムラ、ムラも根こそぎ荒らされたと見てよい。

ムラでは、さまざまな手段を講じていたが、しかし奇襲などで突如として攻められ、荒らされることも多かっただろう。大名や領主などの攻防、廃絶についての記録はまだしも残っているが、こうしたムラが戦闘にまき込まれてどうしたか、の記録は殆ど欠けている。ムラにも他から軍隊が攻めてくれば、ある程度まで防衛し、女子供をかくし塁や砦へ逃げさせたことは間違いない。しかし残った男どもは軍夫、足軽などに徴用されたり、そのために負傷したり、戦死したり、殺害されたり、いろいろと不幸があったにちがいない。したがって男と女の生存、その対応がかなり崩れたのも多かったにちがいない。だいたい男に対して女の方が多かったのではないかと思われるが、このアンバランスを阻止しようとして男の夜這いが始まったのではないか。それまでにも夜這いはあったにちがいないが、戦国動乱の影響で殆どのムラに普及するようになったのだろう。

平時でも山村などでは、母子、父娘その他のいわゆる近親性交、近親結婚が多いといわれていたのだから、そうした突発的な障害に対して、新しい性民俗が普及したのは当然だろう。だから私は戦国乱世社会が、近世の夜這い民俗に大きく影響していると見ている。しかし他方では過度の男の、城下、宿場などへの集中は、女の掠奪、遊女の創出、遊廓の成立につながって売春の機構化が起こる。これが戦国乱世の終結とともに回復し、夜這い民俗の排斥が起こるというのが、だいたいの歴史であろう。徳川時代の地方文書でマチやムラの夜遊び、夜這い民俗への禁止、その他の圧力がかかるのは享保頃から激しくなってくる。しかしあまり効果がなかったことは、その後、何度も同じような禁制を出していることでわかる。夜這いを必要とする原因を改めずに禁止だけを命令しても効果はない。とくに儒教的な思想からの禁圧は殆ど効果がなかった。

これは明治維新後の教育勅語による禁圧でも殆ど効果がなかった。文部省や役所に対する報告では廃絶したとか、是正されたと報告していても、殆どインチキで、文書だけの改善、廃絶の報告にすぎなかった。大正末ぐらいまで殆ど全国的に残っていたし、昭和天皇の即位式の頃、郡教育会などが編集、発行した「郡誌」「町村誌」では夜這い民俗を報告したり、夜這いの民謡を採取しており、その頃に発行した民俗学関係の雑誌や出版物には採取の報告が多い。

満州事変後のしめつけで表面化しなくなったが、満州事変後から大東亜戦争にかけて若衆たちの動員が激化し、残された嫁や婢と、義父・義弟たちとの間で性行為に及ぶのも増え、また残った男どもの夜這いも激しかった。たいていの男はいつ動員されるかわからなかったから、夜這いも激しくなっていた。また軍需工場への徴用、女子も勤労奉仕の動員で都市工場へ集中、私の経験でも本庄や明石の軍需工場などが爆撃されて多くの女子奉仕隊に犠牲者が出ると、もう性的な禁圧がなくなり、相続く爆撃と退避とで防空壕や破壊された家屋を利用しての半公然化した性交渉も行われていた。

(3) ムラごとの慣習

夜這いにもいろいろの方法や型があり、ムラ、ムラで違う。田舎では自分のムラのことしか知らず、他のムラでも、自分のムラと同じことをやっていると思っているものが多い。しかし隣のムラでは、もう違うことが多い。それはムラの戸数、人口、男女の人口差でも違う。男女差も現住人口と出稼ぎその他の不在人口の差で違う。

大きく分類すると、ムラの女なら、みんな夜這いしてよいのと、夜這いするのは未婚の女に限るところがある。つまり娘はもとより、嫁、婢、婆さんまで、夜這いできるのと、独身の娘、後家、女中、子守でないと、できないムラとがある。また自分のムラの男だけでなく、他のムラの男でも自由に夜這いにきてよいムラと、自分のムラの男に限り、他村の男は拒否したムラとがある。他に盆とか、祭りの日だけ他のムラの男にも解放するムラもあり、だいたいこの三つの型がある。

若衆仲間と娘仲間との相談で、一年間をクジその他で組合せるムラがあり、また盆、祭りなどに組合せるムラもある。こうしたムラではクジで決めると絶対に変更しないムラと、一カ月とか、三カ月すんで変えられるムラもある。そのときに酒一升とか、二升つけるムラもある。また若衆と娘とが相談して順廻りにするムラもある。これであると娘に通う男は一夜、一夜で変わるわけだ。病気や他出で行けないと、次の男が行き、行けるようになれば、次の晩から入る。ムラの女なら娘はもとより婆、嬶、嫁でも夜這いしてよいというムラでは、嫁、嬶など旦那のある者は、旦那の留守に限るというムラが多く、その日の夜から夜這いに行ってよいムラ、三日留守、五日留守したら行ってもよいムラとがある。

夜這いといってもムラによっていろいろと慣習が違うので、これがわからずに不法な夜這いをすれば、夜番の若衆たちに捕えられたり、引渡されてリンチされるし、他村の者ならしばられて相手のムラの要人や若衆頭を呼び出して交渉になる。たいてい酒二升と詫び証文ですむが、全く関係のないムラだと引渡しの交渉が難しくなって刑事事件になることもある。もっと詳しくいうと一つのムラごとに、少しずつ差があるので、他村へ夜這いに行き失敗すると、ムラとムラの喧嘩になることもある。だからよほどの度胸と自信がないと、他のムラへの夜這いはしないのがよい。しかし同じムラうちだと一年もすればマンネリになるというので外征したいものもでてくる。そこでムラの幹部もヨソのムラへ行くなら、とっつかまえられないようにうまくやれという。

娘へ夜這いができるムラでは、ムラの男なら誰でも行けるムラが多い。こうしたムラでは、同じ娘の家へ二人、三人と夜這いにきて喧嘩したり、先に来ている男のハキモノをかくしたり、いろいろと悪いことをするのもあり、喧嘩も起こる。また若衆入りすればすぐ夜這いできるムラもあるし、一定の訓練があるムラもある。最も多いのは兄貴分の若衆に連れられて行く方法で、兄貴分が入っている間、冬なら履物を懐へ入れて温めておき、出てくれば履かせてやる。そうした奉仕を半年ぐらいすると女と相談して初めて娘の寝床へ入れてもらって筆下ししてもらうのが多い。永いと一年経っても男にしてくれず、女親が若衆仲間に頼んで漸く筆下しになったのもある。

(4) ムラと弱者

ムラでは男色のからむハナシも多い。東播地方では明治中頃、大正初頃に男色が流行したというハナシもあった。九州あたりのように目立つほどではなかったが、ときどき流行したのと、美童があると若衆や成人たちが取合ったり、夜這いで喧嘩したハナシも多い。大正初頃に私たち子供が、あのオッチャンと、ここのオッチャンは兄弟やなどと噂したのがある。その頃に剣舞が流行し、それが流行の元になったらしい。したがって男の家への夜這いもあったのである。

さて、ムラによっては若衆仲間と娘組が相談し、あの子は気が弱いから、この娘がよかろうとか、あの子は気が強いから、あの姉さんがよかろうなどと親切に組合せを考えたり、夜這いの夜を定めてくれたりして、筆下しをさせた。こうしたムラでは初めて夜這いしたとき、娘さんに誰の息子の某ですと挨拶して手拭いを差出すのもある。そうして十分に教育がすむと他の娘の家へも夜這いさせたり、馴れてくると勝手に好きな娘へ自分の好みで夜這いするようになる。

若衆の夜這い教育は、東播七郡を中心に摂津、丹波、淡路のムラ、ムラをめぐっただけでも、かなりの差がある。しかし郡内には諸処に同じような民俗のムラもある。どこのムラの男でも夜這いにきてよいというムラもあちこちにあって、同じような開放型のムラであると、お互いに連絡しあうし、結婚ということになるのもあるそうだ。また夜番が今晩はどこの娘があいていてよかろうと案内したというのもあった。

しかし、すべての男と女とが慣習通りにメデタシ、メデタシになるわけではない。とくにいろいろの障害者の人たちにとっては、昔のムラも、生きるのが難しかったと思う。一般の民俗学者や研究者と違って、われわれは暗黒面にまで照射させる眼力、気力をもち、育てていかぬと、ほんとのことはわからない。

障害者たちに肉親の人たちが性教育をして一方が妊娠したというハナシは多い。それをどのように考え、噂するかにもムラによっていろいろの型がある。問わず、語らずで知らぬ顔で通すムラ。殆ど宮参りなどもしないからムラの子としてみなされていないということである。しばらくすると、いつのまにかムラを立退く型もある。都市へ出たというのもあるし、他国へ出て乞食、巡礼しているという噂もある。そんな噂を聞くのも悲しいが、ムラの人のなかには、そうして知らぬ土地へ出て、旅で死ぬ方が、かえって幸福だろうという人もある。

ハンセン病者では旅へ出た人が多い。知能障害などの場合は都市へ出ていくものが多いようで、スラム街などで夫婦同様の生活をすることもある。ムラは地域としては狭いから、どうしても近親性交となり他へ出る人が多い。また、ムラの人が関係して妊娠させ、小屋を作って別居させたというようなハナシもある。

このような人たちにも、生きて、結婚もできるという社会にし、性教育もするのが、われわれの作業だろう。そうした社会への展望も持たないようでは「性教育」などムリだ。「性知識教育」など、いくらやったところで、こうした基本的な問題には触れないだろう。

(5) ムラのオキテ

ところで夜這いについて、いろいろと面白く、おかしく宣伝する男も多いのだが、実際に夜這いのあるムラの実情について、立入って調査した例は殆どない。

私は昭和八年から十四年まで、東播七郡を中心に摂津、丹波、河内、大和、和泉、淡路の諸地方のマチやムラの調査をした。といっても官公庁の様式でやったわけではなく、化粧品や雑貨、農産物の自転車行商で、直接に夜這いをやっている若衆や村人たち、また夜這いを迎え入れている嫁、嬶、婆、娘さんたちから正直なところを取材させてもらった。

その頃のムラの男や女たちは夜這いくらいへっちゃらで、お前、今夜とまらんかと誘ってくれることもあった。オヤジ留守か。アホ、お前がとまるなら、オヤジ追い出したる。ほんとうに追い出したのか姿は見えなかったりもした。

他のムラからの男の通いを禁止しているムラでは、若衆たちが数名ずつ夜番に出る。名目は泥棒、とくに野荒しの監視だが、そんなものがそんなにあるわけないし、とるとしたらつるし柿ぐらいのもので、これは私も夜、腹がへると盗んだことがある。要するに、夜番の目的は他のムラのものたちによる夜這いを防ぐことである。

たとえ他のムラのものを受け入れるところであっても、簡単に取持ってくれると安心しているとくるっと反転して難しいことになることがある。各ムラにはそれぞれにムラオキテ、ムラギメというものがあるからだ。ムラにある村法、継続的な基本法に当たるのがムラオキテ、毎年、その初参会で決めるのが、ムラギメである。

夜這いはどちらになるか。たとえば、ムラの娘は若衆組の支配下にあるものとする。というのはムラオキテ。それに対して、夜這いは深夜静粛に行うこと、これはムラギメ。あるいは青年は夜間、放歌、高吟したり、喧噪乱暴をしてはならない、これもムラギメ。今年の田植え賃はいくら、これもムラギメ。

つまり夜這いの機構の基本はムラオキテであるため変えることはできない。しかし夜這いの具体的な規制になると、これはムラギメでその時の状況で変えられる。だからムラオキテの厳守された時代には、夜這いは公則の基本法であるから、なかなか改められなかった。しかし執行法はムラの集会で自由に変えられた。

夜這いを単なるムラの風習と思っているものが多い。民俗学者などでもそうだが、ほんとうはそういうムラの人たちが夜這い民俗に対して、なんの不審ももたず、またしごく平然とハナシしたり、親子夫婦兄妹間でも日常に公然と会話し、行為できたのは、いわば合法的作業であったからだ。したがってムラギメをしばしば反古にしたり、ムラオキテに反抗したりしていると、ムラハチブ（村八分）で追放されたりすることもある。

もともとは「夜這い」は開放されていた民俗であったから、平野のムラでも、山村でも、ヨバイド（夜這人）の来訪を歓迎するために、家の戸締りを禁止するムラが多かった。もっとも、戸締りをしないで盗人が入っても、一般のムラの家では盗まれるようなものはなかった。まあ、米、味噌など食料品のほかは古着ぐらいのもので、装身具などは殆どない。したがって戸締りなどして防ぐものは、あるとすれば、嬶や娘などの貞操だけになる。古くは地主豪農、銀貸しなどの家は二、三戸ぐらいで、他は零細農、小作、水呑百姓たちで、盗みに入っても、殆ど盗むようなものはない。

しかし年代が新しくなるほど商人や職人などが多くなり、かれらは商品物資や流行商品を置くようになる。また一般農家も上昇して中農層を形成するようになると、たとえば生活用食糧や衣類、農具も増加してくるし、とられないように取締りもするようになる。

そうすると娘など夜這いの相手がいる家の縁側の戸を外したり、それでも開放しないと屋根をめくったりという実力行使をやるムラが増えてくる。たいてい主人が四書五経を勉強して道徳家になったり、財産ができて村外の格上の家と縁組みしようとしたり、という家が多い。たいていはムラのオキテで屈服するが、村八分にされても争うというのも現われた。

兵庫県の加西郡、美嚢郡、多可郡などの山村では一部の資産家を除くと、昭和中頃でも家の戸締りはしない家が多かった。平野地方のムラなら農働きに出る時、留守の時には戸口も、縁側も戸締りをして出た。それだけ意識に差があった。

紀州の熊野地方の山村では、夜はどこの家も戸締りをしないし、必ずおひつの中に一膳分のメシを残しておいた。これは夜這いに出た若衆たちがどこの家でも入って腹ごしらえするためで、これを残しておかないと若衆たちに仕返しされると恐れていた。

こんな風習は熊野だけでなく、紀泉国境の山村地帯でも、モチ、イモ、つるし柿などを残しておいたらしい。隣の家へ行くのでも三キロ、五キロぐらい離れているのは珍しくないから、そういうことになった。目の前に見えているような家でも、道を下って谷川を渡り、細い道をくるくると曲って下りたり、上ったりする。直線距離とは違って、実際には一里、一里半ぐらいは離れている。そんなことで近親性交にもなりやすく、外から来る男を歓待するのも確かにあった。

また、たいてい狭い空間に家屋を作るから、横に二室接して囲炉裏《いろり》とくど、作業の間と横にならぶのが多い。したがって嬶や娘に客があると、オヤジは外の納屋、離れた山小屋へ逃げてくれる。大正末、昭和初頃の山村状況と、戦後ダムを造り、道も家も作り換えた現況とは天地雲泥の大差がある。

そうして世話になると米を五升、一斗ぐらいとスルメ、鰹節、干ニシンなどを送っておく。紅、白粉など送ってもしようがない。私もまだ二十前後で若かったから、いろいろと聞くのも遠慮したが、子供ができても育てたくなければ早く処置するらしい。産婆にかかるのはよほどのことらしい。また身体もよほど壮健でないと生き残れないような環境になっている。

サバズシが食べたいが、生ではもたぬから塩サバを持ってきてくれといわれたことがある。塩を強くして持って行くと塩抜きしてうまいのを作ってくれた。こんな山地になると近くのマチのヨロズ屋まで買いに行くが、新しいものはなかった。秋マツリに買うぐらいだが、カネがないと買わない年もあるらしい。まあ、そんな山地の深いところだから戸締りなどするはずないし、夜這いに来てくれる男があれば、楽しみになるということもある。

(6) ムラを離れる女たち

ムラの構成は戦後、非常に変わったが、戦前は地主豪農というのが二、三戸、門構えの中上層が二、三軒、後の八十%はいわゆる田の字型の中層、横二間ぐらいの底層、つまり水呑み小作ということになる。

地主豪農の邸宅へは夜這いは難しい。犬を飼ったり、夜番を置いたり、だいたい娘が尋常小学校を卒業すれば都市の親類などに預けて女学校へ入れる。だから門長屋の納屋や女中部屋へ夜這いすることはできるが、娘や嫁はムリだ。中上層になると門や塀を越えて入り、納屋や内庭から侵入するのもあるが、これも娘は殆どマチへ出す。だから田の字型中農層に集中するが、これらや底層はたいてい女工、その他の働きで都市へ出るので家に残るものは少ない。そんなわけで夜這いに行ける家はあんがいに少なかった。

　昭和十年頃に明石、印南、美嚢、加東、加西、多可、有馬、多紀、津名の諸郡で、若い衆たちを動員して、特定のムラで夜這いに行ける嬶、娘、女中などの調査をした。あれは女中、女工に出ているなどと削去、それで兵庫県の平野部はかなり残っているとわかった。おまけにムラの小学校の先生で下宿しているのもあり、嫁《い》かず後家もあんがいにあった。また、この頃から自転車でマチの女学校へ通学しているのも増えていた。

　しかし、女学校とか、女工などとはっきりしないで、ムラから出ている娘があんがいに多いこともわかった。殆ど都市の親類の家とか兄姉の家、伯父叔母の家へ手伝いにいっているなどというが、実情は、マチの会社、商店などへ事務員、販売員として勤務、マチで結婚する計画というのが多いとわかった。それまでのような丁稚制が崩れ、小店員制に変わるとともに、女店員制も発達、百貨店その他、女事務員、女子車掌、女子販売員などが急増、もう女工、女中時代は終わっていた。われわれがいかに時代遅れであったか肝に銘じた。

　ムラには表向きには夜這いに行ける娘が満ち溢れていたのだが、実際は殆ど本籍を残したまま都市に寄留してしまっていたのだ。もう昔のように女工に行った、女中にやったなどと年季奉公の先借りなどするのは居らず、高等小学校卒、実業科女学校卒でマチで通勤の商店販売員、電車・バスの車掌、会社・銀行の事務員など急激な需要が起こり、ムラで成績の良い女たちを吸収した。他方でこの頃から盛んになり、映画にも盛んに出るようになったカフェーが急激に増加。中層や底層の女子たちを女給に吸収してしまった。

男達は、田舎でタンボのカエルの尻を削っているようではアカンわい、夜這いどころか、女房ももらえんぞという恐慌状況になった。いや、これまではなんとなしに夜這いぐらい、いつでもやれると思っていたが、わしら、中学も、農学校も行ってない男はどうなるんじゃ、百姓一揆の代わりに、ムラの娘を返せ、と女一揆を起こすかということになった。

夜這いの対象になる娘は公式には十を超えていても、ほんとうに残っているのは二、三人にすぎないという状況であった。お前らほんまに夜這いしとるんか、というと、しとるんやが、嫁や嬶が多いな、と白状した。また、あんがいヨソのムラの同級生のところに行くのも多いらしい。夜這い社会も急激な変化を起こしていたのだ。

つらつら考えてみたら、私が十九、二十ぐらいで大阪のスラム街や市場群をさまよっていた頃、すでに百貨店が女子販売員をかかえ、市電、市バスも多数の女子車掌を使っていたのだ。ただあれはマチの女ばかりを採用していたと思っていたのだが、女子の募集があるとマチの兄姉、親類の人たちが田舎の娘たちに通報、呼び寄せて、半年、一年前から同居していたなどとゴマかして就職させたのだ。

その頃、神戸も大阪も市営バスと私営バスとがあった。

稀に車掌と運転手の職場結婚というのもあったが、市営も私営も、運転手は妻帯した年配者を選考し、女子車掌は若い独身者を選ぶというように組合せを考えていた。これは、カップルで継続的な作業をさせ、双方が接触して長時間勤務しても問題、とくに風紀問題を起こすことは少ないだろうと予想したからだろう。

しかし工場にしろ、会社にしろ、商店にしろ、一般家庭にしろ、男と女とを長時間、一対で働かせてそのまま問題が起こらないというようなことは考える方がむしろ奇怪というべきか、奇特というほかなかろう。いわんや運転手と車掌とは接触の濃度が違う。広い部屋で机を並べるのと違って、狭い空間を共有するのだから、極めて密着感が強い。

市電でも市バスでも車庫では運転手がうちのカカとか、オレのよめとかよんでいるのは日常的で、運転手のするべき作業までカカ、つまり車掌にさせていたのは、どこでも同じであった。クルマの洗車は運転手、車内の清掃は車掌と、どこでもきめていたが、一切を車掌にやらせて運転手は休けいというのが殆どであった。

そういう状況であるから女車掌は入社して三カ月もたつと、もう腹を大きくしてしまい、どうしようと騒ぎ出すのもあるが、たいていお前が好きでさせたのならしようがあるまいとか、だまされたといっても、あの男に女房があるのはお前も知っていたではないか、不義を承知の上なら、お前の負けだ、と退職させられる。

マチの女工、女給、車掌などは殆どが、田舎暮しがイヤになり、いわゆる都会にあこがれて親類をたよって出てくる。採用されると三カ月か、半年ぐらい下宿させてもらっているが、そのうちにもっと自由にしてみたい、恋愛もしてみたいと思うようになる。同じような娘が二、三人で組んで下宿で共同生活を始める。しかしせいぜい半年もすれば男もできて別居する。

都市で間貸しをする家がたいてい男も女も一人暮しを歓迎し、二人同宿を嫌うのは、半年もすればどちらか一方に相手ができて出るからだ。そうなると居間代が高くなるから残った方も出る。なかなか間貸しも大へんだ。

9 夜遊び

ムラには、若い男と女との間で、いろいろと夜這いのような「遊び」があった。その最も似たものに播磨あたりでいう「夜遊び」がある。夜遊びというのは、夜這いのように二人一組に限定されず、複数の男と女、つまり女群と男群との合同遊宴ということである。

普通、秋の終わり、稲刈りがすんだ夜に、とくにウススリ（モミスリ）作業に、一定の農家へ集まって男群と女群とが共同作業をする。このウススリは農家の作業としては最後の作業になる。詳しいことは農作業の本を読んでもらうことにして、簡単にいえば、モミになっている米を更にモミスリにかけてカラをとり、玄米にする作業である。直径一メートル二〇センチぐらい、高さ八〇センチぐらいの大きなウスで、中央にモミ入れの穴があり、それからモミを入れて廻すとモミガラと玄米に分かれるという作業である。ウスを廻すのに二人か、大型だと四人がかりになり、モミガラと別に出てくる米とを分けるのにさらに二人がかりと、かなり人手がかかる。後に風圧を利用した大型のモミスリ器ができて手軽にやれるようになったが、それまでは夜なべ仕事で、近所の家と組合を作って助け合うことが多かった。

田舎では、近所の人たちが同じ稲刈り、田植え、麦刈りなどの作業で助け合うことをユイという場合が多い。自分の家が助けてもらうと次の番に、当方から助けに行くことになっており、だいたい同質、同量の交換作業となっているが、そううまくゆかぬものもあり、それでも合意するが、次の機会にそれだけ増して帳消しにする。ムラの人間は半日借りがあると覚えていて次の作業で半日分を返す。それができないと、カネに換算して払うことも多い。

ウススリ、モミスリは作業人員も多くなるから、数戸の家でユイをするのが多かった。若い娘さん、とくに美人のいる家へは若衆たちが喜んで手助けに来た。若衆が集まってくると、また娘たちも集まってきた。その実況はモミスリ唄、ウススリ唄で、だいたいわかる。どの唄もほれただの、好きになっただの、アイビキの唄ばかりである。いよいよ栄えてくると、花子さんは勇次さんに気があるとか、秀雄と芳子がどこでだき合っていたとか、きわどい唄になってくる。娘が泣き出して帰るというのを他の娘たちがとめるやら、よし、わしが仇討ちしたると、お梅さんが繁やんをふった話を唄にする、という工合で、唄喧嘩というのは面白い。こうした唄のなかから共鳴を呼んだものが他地方へ唄い継がれていく。

ウススリ作業では、コナヒキも行われることが多い。石ウスでする作業で、女二人ですることが多いが、ときに男女が組んで作業する。これも唄いながらするが人数が少ないから、まずおとなしい。またウススリが終わるまでに粉にして、それを蒸して皮にし、炊いていた小豆をそのまま包み込んだり、練って包み込んだりしてダンゴを作る。ダンゴや黄粉餅などができ上った頃に、ウススリ作業も終わる。汗を流した後、みんなが座敷へ上って車座になり、ダンゴやモチを食べながら雑談、猥談を楽しむ。そのうちに気の合った若衆と娘とが別室へ行ったり、それぞれの家へ行ったり、ということになる。

またムラによっては内庭にムシロを敷き、その上で遊ぶのもある。助けてもらった家で茶や菓子を出すのは当たり前だが、酒は禁酒というムラもある。禁酒というのは表向きで、殆どが茶瓶に入れて茶ということにする。

夜遅くまで電灯をつけて騒いでいるのを見せるのも一つのハレで、あの家はベッピンがいるから若衆が寄ってくるのだと、はたの家はうらやましそうに眺めるほかない。同じように娘がいても、それほど人気のない家もあるし、いくらベッピンがいても親の評判が悪いと集まらない。人々の集まりぐあいで、ムラの家々の評判の高低がわかった。

ユイを基礎にするムラでは、組の人たちだけで作業するから、こうした派手なことにはならない。その代わり若衆や娘だけでなく、オヤジと嬶が中心で、娘、息子や人不足だと隠居、子供まで動員される。その家のツクリ、つまり田地の多少でも違うので、地主なら人を雇ってする。それが昭和十年頃から発動機が入ってきて、クルマで運んで作業していると思っていたら、二年ぐらいでアッという間もなくモーターが普及、もうモミスリの共同作業など吹っとんでしまった。あれが農業機械化の発端であった、と後にわかった。

その他の夜遊びというのは、若衆たちが夜食後に街道やムラやマチの主要路に集まって、通行の女や旅人をからかったり、いわゆる放歌高吟で喧しく騒ぐことだが、これは徳川時代の幕府の禁令や各藩領でもしばしば禁止の布告をしており、古くは元禄頃からあったと思う。しかし、結局、禁止することができず、明治に引き継がれ、明治政府もいろいろと弾圧、教化を行ったが、遂に絶滅させることはできなかった。大正の初期も教育政策でしめつけたが功を奏しなかった。しかし中期頃からだんだんと衰退してきた。

これは教育の効果などによるものでなく、農村が次第に資本主義の攻勢に押されて衰亡したためである。つまりムラが半封建的時代の制約から脱し、村落共同体としての結合をゆるめるようになってきたのである。わかりやすくいうと、ムラの娘も女工だけでなく、女店員、女給、その他の近代的な職業につくようになり、都市との接触も深くなってくると、ムラの男を嫌うようになった。マチへ出て月給取りの女房になりたい、それが田舎の大部分の娘たちの夢になる。当時の女子教育や女子雑誌、家庭雑誌が異口同音に田舎の娘さんたちよ、都会に憧れてはいけない。都会の男たちはうまいことをいうが信用してはいけない。田舎の、清い空気を存分に吸っている男たちこそ、ほんとうに頼れる人間だし、朝は星をいただき、夕べには月に送られて働く人生こそ、最上の幸福だ、と煽り立てた。

しかし、結婚すれば田の二町でも三町でもつけてやるというのなら話もわかるが、小作争議の激化を実際に見て、知っているムラの娘たちが、こんなあまいおすすめにひっかかるはずがない。若い衆も近いマチの女給や酌婦をとった、とられたと大喧嘩。もう残っている娘など、国宝、重要文化財で、とても逆立ちしても手に入らない。こういう社会的大変革で、残念ながら娘がいなくなったのでは、夜這いも閉鎖するしかあるまい。僅かに残った娘や嬶を相手に夜這いといっても、もう盛時に比べれば想像もできないほどおとなしい夜這いになってしまった。これで夜這いもめでたく終焉である。

10　祭りや講の日の性習俗

(1)　御詠歌競演会

ムラには「夜這い」の他にもいろいろと性民俗がある。境の神祭りとか、道祖神祭りなどといくらでもある。また関東の府中の暗闇祭り、宇治の鼎祭りなど祭礼の夜のお堂の開放もよくある。これらの有名な神社や寺院だけでなく、戦前はそこらの神社や小さい堂などでも講の日とか、ヨイ宮、アト宮などに講衆や氏子たちに全開放というムラも多かった。そのムラだけのもの、周辺の地方から集まってくるもの、遠い土地からも伝聞で集まってくるもの、などと大小いろいろだが、それぞれ土地による特色もあった。摂播丹国境の山村地帯や阿和紀国境地帯の山村の神社や堂の祭儀にも、いろいろと特定の性民俗が残っていた。

神社やお堂の祭礼というと、六畳か、せいぜい八畳ぐらいの堂内へ、十人ぐらいでほぼ満員というその中へ二十人ぐらいの信者が入り、仏前で二組か三組ぐらいが三十三ヶ所御詠をあげる。それにつれて他の者も御詠歌をあげるが、ムラによると各自に鉦や鈴を持って唱和するのもある。

摂播丹国境地帯は殆ど鉦一つのムラが多いが、稀に鉦二つもある。他の者は御詠歌帖を開いて唱和したり、数珠をくる者が多い。河内、大和地方では鉦と鈴（片手で振る鈴）との合奏が多く、他の者も鉦か鈴で合奏するものが多い。それには中年から老年の女だけのもの、中年か老年かの男女混合のものとがある。時間的には正午すぎから午後七〜八時までが多く、稀には早朝から翌朝までの終夜型もある。

私の実見では大正十年頃から昭和十年頃まで河内と大和国境地帯のムラでは御詠歌競演会が盛んで、中河内郡地方では鈴振りが多く、ムラによると子供組（女児）、娘組、嫁組、孀組、婆組に分かれて競詠、お互いに競い合っていたが、そのうち同町、村内の競詠になり、また郡内の競詠に発展し、優勝旗をとり合うというのもあった。

こういう大きなものになると早朝から深夜、翌朝になるのもあった。

私は取材していて、審査員に頼まれたことがある。娘や女児組は盛装で、なかなか大へんであった。まあ、飛入で面白いから採点していると、あんたは顔ばかり見て採点している、これは鈴の振り方、声で採点するんやと怒られた。合奏ではあるが、中心になる二人か、三人の指揮で巧拙が出るとわかった。私の生国の播磨も御詠歌には熱心であったからフシがだいぶん違うとわかり、大和流、河内流、京流などと流派のあるのもわかった。

(2) ザコネ

競演場はムラの堂で、たいてい四畳から六畳ぐらいで狭い。播磨あたりの堂はたいてい五、六段ぐらいの石段のある高いのが多いが、河内地方は二段ぐらいで殆ど同じ高さだから、堂を明けて周辺へムシロ、ゴザなどを敷いて見物席にする。夜になるとその席でザコネになる。みながザコネするわけでなく、そのうちの四組、五組ぐらいがあちら、こちらで同衾するが、別にかくれるわけでなく、またかくれるところもない。

漁村や山村になると盆や秋祭りの二日、三日間ぐらいオール開放、他のムラとも相互開放というのも多い。

仏堂や寺院の方はだいたい浄土宗関係は念仏講、普通は阿弥陀講や大師講が多い。大師講は二十一日、阿弥陀講は二十六日など毎月一日の例祭、盆や暮の大祭にというのもある。しかし考えてみたら、たいてい夜這いで知り合っているのだろうから、別に新しく改まるわけでもないだろう。しかし当人たちにいわせると、それはそれで新鮮に変わるらしい。昔の田舎の百姓たちには、そのくらいしか楽しみがなかったのである。

稀に、大原のザコネで有名な江文神社の長床や播磨の美嚢郡淡河村の室町時代の仏堂などは細長い建築物で、恐らくムラの男女で性交可能な人たちがみんな集合していたとみてよいのもある。室町時代は、この型が通常であったのだろう。神戸市林田、駒が林のザコネ堂も近世は有名になっていたが、ザコネ堂というのは近世の農村には殆どあったとみてよい。明治後半頃からだんだんなくなったのだが、山村地帯には残っていた。ザコネ堂というのも、そのムラ限りの限定型、他のムラにも開放している開放型があり、開放型であると、かなり遠くの人たちが来る。

こうしたザコネ堂にも正午頃から夜半までというのや、正午頃から翌正午近くまでというのもある。堂の型も七、八段の石段のある高い型から、一、二段ぐらいの低い型もあるし、大きさも四畳半か、六畳ぐらいが多いが、十から十五、六畳ぐらいの大きいものもある。立地もムラの中心にあるものや、村の端にあるもの、墓地に接しているもの、全く離れて山林中にあるものなど、いろいろである。平素から庵主さんや堂守が居住しているものもあれば、全く無住のものも多い。

祭りの当日には女の世話係が集まってきて整理し、近所の寺や庵寺から僧尼を迎えて祭りとする。賽銭から僧尼のお礼を出すが、足らぬとみんなで出した。ムラの中央とか交通の集中点の広場にあるとか、賑やかになると知られている堂では、ラムネ、氷水、アイスクリーム、金魚釣りなどの店も出る。

さて、私は同じような祭りでもいろいろと変わった型があると述べてきたが、この型がどうしてできたのか、あるいは変化したかということは実はなに一つとしてわかっていない。同じ念仏講で堂を使って祭るのだが、男の加わるのもあるし、子供の加わるのもある。いろいろと違った型がある。それはなにかの都合でそうなったに違いないが、もっと基本的な問題がからんでいるのかもしれない。今、私にもその一つ一つの起因、影響、変化の様相までは、とても解釈できない。女ばかりの念仏講、男も入る念仏講、鉦たたき、御詠歌くどきだけで終わるもの、性的な民俗の入るもの、これにもいろいろの型がある。その一つひとつの源流、原型をさぐるのは、今となってはどうしようもない。今は、いろいろと違った型があったというのが精一杯の認識である。江文神社の性民俗が単なるザコネであったのかどうか、ノリトだけであったのか、御詠歌があったのか、わからない。ノリトの合唱などはできたものでないから、それなら後は人間の自然体にまかせられたのだろうか。そのへんがわからない。

御詠歌や般若心経は合唱できるし、その他にも合唱できるのが多いから、二日一晩ぐらい連日、興行できる。そこでムラの男女が集まってきて、性の解放が行われるのもある。もとより同じ経過で解放のないムラもある。またムラうちに限るのやら、他のムラの者も自由に加わるのもある。なぜ、そういう違いができてくるか。実は、それが全くわからない。ムラの人間に聞くと、サア、知らんぞ、昔からのシキタリやからなあ、もし勝手にやめたりしたら、なんぞタタリでもあったんだろう、と言うくらいで理由はわからない。今の人たちばかりでなく、昔でも他のムラの人たちにはわからなかった。せいぜい妙なことをやっているぐらいだったろう。

全く経験のない人にはザコネというのが、そもそもわからないだろう。京の祇園のザコネは経験しないからわからないが、恐らくフトンは順序よく横一文字に並べるのだろう。しかし、こうした堂内のザコネにはフトンなどないのが多い。フトンがあっても、恥ずかしがり屋がかぶるぐらいで、殆どは公然である。またザコネといっても修学旅行、卒業旅行の宿泊みたいにフトンを一列か、二列にならべてその中へ入って同衾するのかというと、そんなに行儀はよくない。仏前を向いて御詠歌をとなえている人の間に入り込んで斜になったり、逆になったりしてねる。周辺の人たちは知らぬ顔で御詠歌したり、性交中の二人をからかったりする。

生駒山下の民間信仰のオコモリも殆ど同じで、深夜行事では祭事室で拝礼、疲れたといって男女が他の信者集会室へ行くとあちらこちらで先にねているから、その間へフトンを敷いて、やはり斜になったり、逆になってねる。一斉に、揃ってねないから、こんなことになるのである。

ムラの場合は、それほどまでに開放的にはできない。しかし、からかったり、いたずらはできる。民間信仰の宗教集団の場合は、ならべてフトンを敷き、同時にねるときもあるが、これでもザコネになり、性交するのもある。本人たちはわからないようにしているつもりだが、周辺の者にはすぐわかる。

播但丹地方や河内の念仏講、阿弥陀講、大師講などに誘われて行って御詠歌をあげたり、和讃を申したりしたことがある。摂播丹地方国境地帯の山村であると朝から午後六時頃までは子供連れなどで、あまり熱も入らないが、その後、夜食を終わってきた嬶や嫁が増えてくる。若い元気なのが増えてきて鉦の音も、声も元気よく高くなってくる。

だいたい四十分から一時間ぐらいで小休止十分、一時間半から二時間で大休止が二十分、三十分になる。普通だと十八番中山寺で小休止、三十三番で一廻りすると大休止というので、それをうまい工合に合わせてやる。休止になると茶瓶を廻したり、センベイ、まんじゅう、ミカンなども廻ってくる。茶瓶には茶だけでなく、酒の廻るのもある。

鉦たたきを「先達」「導師」などというが、だいたい二廻りぐらいで交替する。ムラの連中はよく知っているから、今度は鉦が上手だとか、声がよいとか評判して喜んでいる。こうして午後十時頃になると、二十分から三十分ぐらいの大休止。フトンやマクラをもってきてねる者もある。

ムラによると十二時になって休止がくると三十分ぐらいの大休止をする。そうすると、あちらこちらでザコネが始まる。それからはザコネが増えて、その間に御詠歌ということになる。八時頃になると子供は帰宅させるが、若衆や娘でも帰る者もある。ともかくザコネといっても一斉に休止したり、交替するわけでなく、また家からフトンや枕を運んでくるのもあるし、それはいろいろである。

これもムラによって違うが、嫁か、娘、婆さんたちが堂の前や続きの部屋で夕飯、翌朝の飯などの仕度をして、大休止の時に配達したり、順次に台所へ来て食事をするのもある。また大休止に自宅へ食事に行くのもある。堂に連接して部屋や台所、井戸などの付属しているのもあれば、せいぜい茶の接待ぐらいよりできないのもある。いずれにしても、こうした興行を喜ぶ人も多かったのだ。こうして昔のお堂には月に一度か、二度ぐらいの集会があり、これを楽しみにしていた。

(3) 底辺層の変貌

しかし昭和後半頃から盆と暮の二度ぐらいの興行になったムラが多い。ラジオも入ってくるし、浪花節や旅芝居など旅芸人の一座も足繁く来るようになり、もう御詠歌興行ぐらいでは人も集まらなくなってきたのである。駅前とか、街道の交差点には庶民的な一杯屋とかねて女と遊べる小店が増えた。マチの料理旅館や一杯屋は仲居、酌婦を置いて、田舎紳士たちの遊び場であったが、こうした小さい店は若い女給などが流れてきて田舎の貧しい青年たちを喜ばすようになった。マチのカフェーと女給の田舎版と思えばよい。下はイスと丸テーブル、隅に帳場と料理場があり、二階は四畳半、六畳、三畳ぐらいの小部屋があり、いつでも使えるようにしてある。

したがってムラの堂祭り、阿弥陀講などの古い興行はだんだんとしおたれてきて、代わりにこうしたいわゆる小料理屋、または田園型カフェーが発達する。農村の遊びにも二極分化し、矛盾が大きく見えてきた。それだけ中流以下、小作水呑までにいろいろと農業以外の二次収入が増えてきたのである。しかし、百姓用一杯屋で遊ぶのもなかなか費用がかかる。友達などと、こんなところへ通うと、忽ち十円ぐらいの借りができる。一カ月ではない、一晩でできるのである。

田舎の行商なら夜這いもできるし、誘ってくれる女もあったが、マチは難しかった。しかしスラムで住みつくつもりなら、なんとか食えるようにしてくれた。公式に就職など、遠い天国のハナシで、毎日、毎日なんとか食える手があればよいということでないと、これも生きてゆけぬ。考えてみると田舎でも小作水呑、行商、車曳きの世界、マチならスラム街、貧民窟の世界にとことんの生活なら生きていくだけのスキがあった。今は、恐らくなくなっているだろう。

少し前に、今宮、いわゆる釜ヶ崎へ行ってみたが、あぶれた人たちの野外生活などを見ていると、家族連れが殆どない。単独の人たちばかりで、よく騒動が起きるのもわかる。ドヤもホテル住いでは、昔の日銭暮しもできず、よほど暮し難くなっているだろう。周辺のマチの情況は昔より立派になっているが、それだけドン底の人たちには暮しにくくなっている。周辺の一杯屋や食堂も立派になり、あれではカネがなければ、とても入れないだろう。昔は、一ぜん飯屋で飯食って、あっ、しもたカネ忘れた、オバハン、かしてや。お前、ほんまか、アシタもこなんだら、そのアシひきむくぞ……。言葉はきつかったが、これで一度は食えた。それだけ困ったときにも食えるスキがあったわけである。それに比べ、今はセチがらくなって、住みにくくなった。

今、スラム街時代と大きく変わったのが古着屋が殆どなくなったことだ。昭和四十年代頃までは飛田から今地へ下る道には古着屋がならんでいた。暖かくなると冬物を売って夏物を買い、秋になると夏物を売って冬物を買っていた。といっても冬物は高いから買えるのはボツボツだし、子供のいる連中は大へんだった。洋装は戦後の話で、昔は和装ばかりであった。洋装もあったが、いわゆるナッパ服系の作業用ばかりで、稀に、当時首吊りといっていた背広があった。和服も木綿物ばかりで、女給用のキンシャはかっぱらいにねらわれるから店頭には出さない。稀にモスリン物があると、これが最上だ。女の子にコシマキ、ジュバンを加えて一揃え二円で買ってやると大喜びして最高のサービスをしてくれた。

こうした古着屋には一流もの、超一流のものもあるから芸妓衆、旦那衆、オイエサン、ゴリョウニンサンたちもつてを求めて、かくれ買いにくる。現役の超一流呉服店でも絶対に買えぬ「江戸もの」はこれで買うよりしようがない。いわば重要文化財の盗品を抜け買いするのだ。昔の田舎の地主豪農の倉にはそんなのが長持ちに詰まっていたのだ。江戸や浪花の豪商から当時の超一流の晴着を買って、かわいい娘の嫁入りにつけてやったのが生涯に二度か、三度着ただけで詰められたまま残されていたのだ。そういうのは盗品で流出する方が幸福であっただろう。

とにかく、昔のスラム街には、まだ人間の生きていくスキがあった。いわば人間の残した暖かいスキ間だ。今のスラムにはそれがない。田舎でも水呑、小作百姓はなくなったが、テレビも、クルマも、電話もなくて、生きていけるか。私はクルマも、テレビもなしに生活しているから、なんともないが、どうするのだろうか。アメリカのように銃で身辺を守るほかないような時代がきてもおかしくない。そういう時代から見れば昔の田舎の小作水呑百姓たちの生活、マチのスラム街、貧民窟の生活も極楽浄土である。私が田舎の百姓、小作どもの実生活、都市の商人、貧民たちの生活をありのままに書き残しておきたいと努力しているのは、そのなかに人間の本来の生活が残されていると思うからだ。

『夜這いの性愛論』

I　ムラの性愛論

1　マツリとムラの性

百人斬り、千人供養

某市教委主催の講演に出席したら拙著『非常民の民俗文化』を提示、これ小説でしょうといった人がある。いま、どこでも県史、市史、町史の編集が盛んで、その「民俗」篇というのを読むともうアホらしくて、それで民俗調査やった気でいるのかとあきれはてた。まだ昔の御大典記念という郡教育会出版の「郡誌」の方が、よほど開明的で、資料価値も高く、かつすぐれている。私の在所で『加西郡誌』を出版、あんまり行儀がよくなくて修身の成績も悪かったが、それでも夜這いや夜這いのイロウタが満載、これほんまかいなとびっくりして老人に聞いたら、当時の加西史談会会長に聞いてみろと教えてくれた。

こわごわお伺いすると、「なにをいうのぞ、あんたのオトウさんは段下のダテコキいうたら、郡内で知らん者はおらなんだ。ここらで遊んでおればええのに中学へ入って、小野でも女をとった、とられたで大喧嘩、退学させられたんやぞ」と叱られる。「このウタ知っとるか、これあんたのオヤジさんや」「このウタはあんたのオバアさんや、段下小町いうて評判やったんだぞ」。それでわかったのは夜這いという民俗や、そのイロウタというもの、昭和の初め頃でもまだまだ盛んであったことだ。教育勅語の弾圧で表面から次第に退却させられていたが、なぜこんなええもんが悪いんやと根っ子では生き続けている。しかしもう「郡誌」に載せられるようなものは毒にも、薬にもならぬつまらんウタで、ほんまのものはもっと物凄く、風俗擾乱はもとより人権問題になるのも多かったのだ。ただし盆踊りやマツリにうたわれたからといって怒るアホはおらず、「俺も、わたえもやっと一人前になった」と喜んだのである。

私のオヤジなどは、夜になると隣近所のムラから娘や女たちが二、三人連れで現われ、家の廻りをウタいながら誘い出しにきたそうで、祖母が聞かせてくれたのだからタシカなもんだ。夜這いは男が行くだけでなく、女の方からも通ってきたのである。俺は百人斬りがすんだという若衆がおり、「なんや、そんなもん、うちら十七で男の百人抜きぐらいしたぜえ」と、おばはんに叱られていた。「へえ、俺で、なん人抜きや」「お前か、千人めぐらいやろ」と脅かされる。私の在所では若衆が女の百人斬り、女が男の百人抜きを基準にしていた。千人になると盛大に祝宴を開いて、「千人供養」をしたそうである。ほんまかいな、と疑ったら、いろいろと事例を教えてくれた。金、鉄、木製などの巨根を正面に飾り、前に女陰形の大朱盃を供え、参列者の前には大根や山イモで作った男根女陰を供え、僧尼が厳粛に読経、終わって無礼講ということらしい。引出物もいろいろ苦労したようで、性器や性交の酒盃、玩具などが多かった。義理固い男や女になると筆下し、水揚げの恩人を正座にして、その労をねぎらったという。こうなると、まさに良風美俗である。

ダンナの後生楽

田舎の地主、豪農というのは、ヒマがありすぎて、遊ぶのに苦労した時代があるらしい。とくに三十町歩、五十町歩ぐらいの小地主になると、しようがないので酒造業、機織業、製材業などに手を出し、小作女や日雇女、女工たちと自由に楽しめたようだ。製糸、機織となると女ばかりで、より取り、見取り、ほんまにダンナ後生楽である。祖母や母のはなしを総合しても、製糸、紡績などの大工場にくらべると、まだ女工哀史までにはならなかったらしい。しかし番頭、支配人や男工あたりまでが、いろいろと楽しんだのは事実だろう。ただ女工の寄宿舎制が普及してくると、土地の若衆仲間と帰属についての喧嘩が多くなり、お宮の境内や川原で決闘という事件も珍しくなかった。ともかく腕のよい女工はダンナが妾にして落ちつかせ、家庭にトラブルを起こさせるのもある。

機織となると三十台、五十台ぐらいでも相当の騒音で、そのなかで働くのだが、いわゆる「機織《ハタ》唄」が盛んであった。ただ自由に唄うのは割合に少なく、殆んど作業を始めると順序に従って「送り唄」「連れ唄」が多い。唄にも厳重なルールがあるので、「唄をだしなされ、だしたらつける。竹のフシほど、そろわねど」は唄初めで、次に、「歌はかずかず、千八百いろ。色のまぜらぬ、歌はない」とつづく。「ひとりふたりの声よりも、みなのつれぶし面白い」で合唱になった。そのうち順送りの独唱になるが、これでウタ喧嘩を始める。「うたえ、うたえと、せめかけられて、唄は出ないで、汗が出る」「唄いなされよ、お唄いなされ、唄で御器量が、さがりゃせぬ」「唄はうたいますけど、まだ若鳥で、声がとどかぬ、隅ずみへ」。これがウタ喧嘩の始まりで、「唄はうたいたし、唄の数知らず、野でも山でも、これ一つ」とウタカズ、モチウタの少ない女は次第に抜けて、ベテランが残った。これからが本格的なウタゲンカ、セリアイウタ、カケウタ、イサカイウタなどというが、「唄いかけなれ、何百なりと、わしのタモトにゃ、千もある」、これが一つの矢。「お前タモトにゃ、千ほかないか、わしのタモトにゃ二銭（二千）ある」、これが一つの返しで、周辺の女どもが一斉にハタの織音を出す。つまり判定勝ちになった。「こよいおいでなら、たか塀を越えて、せんざい椿を折らんよに」、これが二の矢。「せんざい椿が、折れよとままよ、とかくあなたの身が大事」、これが二の返し。意見はわかれるだろうが、恋人の身を重しというので、まず判定勝ちだろう。「ウタのかえしは、二度こそかえせ、三度かえすは、いなものよ。二へんかえして、三度めには、義理と人情の、板ばさみ」とはいっても相手が逆上して三の矢を射かけてくると、防がぬわけにもいかぬが、たいてい人身攻撃になる。「他人《ヒト》の男と、だいたん女。山の大木《ダイボク》、気が太い」、これが三の矢。「ぬかしたなあ」と怒って、「男とるのは、女のかいしょ。なんでそのとき、気をつけなんだ」と三の返しをすると織機《ハタ》から離れて、飛び込んでくる女と組打ちの大喧嘩になる。若い女や娘の恋を賭けたつかみ合いとなると、とくに同性たちの前での決闘は、もうどうしようもない。かみつかれぬように、逃げるだけだ。

「ハア、結構でございます。ほんとの正調を聞かせていただけました」と「古老」の前で頭を下げ、テープを戻す。ウタに国定教科書みたいなものがあると思っているのだから、いまの民謡家、民俗学者、芸能研究の大学教授などというのはドアホの、バカタレだ。ウタの文句も、そのフシも自由自在に変化する。昔の河内音頭、播州音頭でも流派みたいなものはあるが、盆踊りの最高潮になると正調などとアホな奴は、「音頭とりやネボケたか、引きずり下ろせ」と放り出された。「おいで」とふだんお前、あんたなどとかわいがってくれていたネエチャン、オバチャンが鬼みたいな面になって暗い所へ誘い込み、マタを開いて掻き上げてくれる。これ、うちの好きなウタやなどと聞かせてくれるのは、ヤマ唄、ハタ唄にしてもフシといいツヤといい、まさに絶品であった。これがウタだと、身にしみてわかる。フシとツヤとは別ものだが、ツヤのないフシではウタでなかった。

フンドシイワイ

いまの一夫一婦制、家父長制（いまも実存している）の民俗や思想が、一般の民衆、非常民の世界にまで浸透していたと、空想しないがよい。民衆、非常民どもは、かれらの規制を越えてはるかに自由を享楽していた。この頃の結婚民俗の報告をのぞくと、奥州の果《ハテ》から、九州の隅まで△△殿、○○閣の均一制結婚習俗になってしまっている。こうした傾向が現われ始めたのは大正中期に入ってからだが、それでもまだまだ地方、地区により、また階層によって多くの特色があった。しかし柳田民俗学は早くも老衰、そうした異色、異端を発掘し、吸収するだけの方法も、気力も失っていたのである。田舎の教育会や史談会の方がはるかに健康な認識をもっていたので、当時の「郡誌」「町・村誌」などにはすぐれた民俗資料も多い。いささか玉石混淆の趣もあるが、その採取は読む者の技量と責任にあり、選別できぬようなアホには猫に小判だろう。

いま全国の民俗が殆んど均一化されてしまったのは、ただ高度成長の経済発展と都市化のみではない。時の権力、政府や文部省、教育勅語を選別の基準にしたようなものに、ろくなものがないのは民俗だけでなく、思想の全般についてもいえる。どこでも「県史」「市史」など行政の飾り物を出しているが、面白い、これだ！　と飛び上るようなものが一つでもあるか。腐った女と表現すると叱られるが、まあどうしようもないような野郎のネゴトみたいに、ただもう政府や文部省、財界から横槍を入れられぬよう、学界や研究団体の仲間たちからくさされぬよう、のんべんだらりと山も谷もない、高速道路を走るクルマ風景みたいで、よう、まあ、あんなものを十年、十五年とかけて書いたものだと、その神経の方が恐しくなる。かれらはほんとうの県民、市民、つまりほんまに民衆、非常民の生きた歴史、民俗、思想を発掘し、発見し、新しい世界を展開しようという研究者としての意欲も、気力もないから、わざわざ今あるものですら抹殺し、平均化し、つまらぬ資本とその政府に奉仕する駄犬に落ちてしまった。

播磨、丹波、摂津三国の国境地帯ということにして、このへんのムラで男が十三になるとフンドシイワイをする。この名称もムラでいろいろだが、ともかくオバサンがフンドシを贈ってくれた。私の在所ではアカフンというが赤色でなく、ウコン色であり、一般に色のあるのをアカという。ここらでは男の子が白布一反と白米二升、酒一本をもって、オバハンの家へ行く。オバハンの家では他の家人はみな出てしまい、残ったオバハンが布、米、酒を床の間に供え、下《オロ》してからハサミを入れてフンドシを作り、男の子を裸にしてしめてやった。余った布で自分のコシマキを作って巻いたそうで、いよいよこれからが本番だと、「それからどないしますの」ときくと、「ドアホ」とどなられて、「はあ、わかりました」とわかる。私の報告を読んで調査に行った民俗学のバカモンが、あのへんでいろいろ調べたが、「そんなこと知りまへんという人ばっかりや。赤松め、ウソ書いている」と評判しているそうだが、これこそほんまのドアホだ。昔のムラでは、大字《おおあざ》やカイトなどですら、もう民俗、慣習が違うし、隣のムラの人間でも警戒する。民俗学者などといえば、恐れおののいて「ハイ、さようでございます」というのにきまっているだろう。しかし腹の底では、このバカタレめがと思っているから、喜びそうなガセネタをつかませ大笑いしている。

いまみたいに均一制の、トロッコに乗せられて運ばれるような結婚式が定着するまでは、まだムラでは自宅の居間、座敷で式を挙げ、殆んど公開、半公開であったから、悪童どもも酒をのませられたり、こっからはアカンと追っぱらわれたもんだ。これは階層性があるから、まず豪農、地主級の婚礼と思ってよい。高砂やからいろいろとあって、新婚夫婦がトヤにつく前ほどに、では、と紋つき羽織、袴が正座して、「げに春の月はおぼろにして、静かに暮れ行くとばそに……」と、まことに朗々と謡い出した。緊張して聞いていると、どうも変なので周辺を見廻すと、いずれもクスッともせず拝聴している。これからはタダで聞かせるのが惜しいから、やめておく。要するに生娘の新嫁をどのようにして開発したらよいかという、まことに適切な技術論であった。「夜もふかふかとふけて、たがいにからまるモモとモモ、これぞ人の世の栄えなる。人の世の栄えなる」でしまいになる。「結構な御教訓をいただきました」でムコどのはすむが、民俗学のはしくれでもかじっていると、これは何流の謡曲かと調べたくなるのが人情だ。ところがこんなもの、どんな謡曲全集にもない。さるお師匠にこわごわ伺ったら、「御当流にはそんな不埒なものはありまへん」と叱られた。なにをぬかすボケナスめと、そこは手馴れているから周辺をかぎ廻ると、まあボツボツと出てくる。導入部や結語は季節で変わるともいうが、だいたい似たようなものだ。ただ内容となると短いものから、やや長大なものまで変わったのがある。それが流派によるのか、地域相があるのか、わからぬうちに弾圧されてしまった。その後、田舎の謡曲仲間で緩急自在に調節しているとの情報もあり、播州でも東播と姫路、丹波では篠山と柏原とで違うのではないかというのもあるし、田舎の謡曲仲間でも新米には教えず、免許皆伝以上の人格者でないと伝習させないそうである。ともかく底本、定本がないようで、そう初期の発生とも思えないが、その起源、伝流、変化の諸相は、これからの解明に待つほかあるまい。国文学でも報告が出ていないようだから、御同好の皆さんでお手持ちの資料があれば恵送をお願いする。地名、人名は公表しないから、安心していただきたい。御当流のバカドモは、『本朝文粋』の新婚賦、鉄《カナ》まら伝を読んでみるがよい。堂々たる健筆で、不埒な謡曲ぐらい、しょせん御祝儀ものである。まあ田舎の民俗には、まだまだかくされているものがあるとしておく。

コドモの性のシツケ

大正の自由主義風俗というのは都市生活だけのことで、田舎では村落共同体が維持する伝統的な、自由的な民俗が残されていた。大正の末頃から昭和初期には、京都、大阪などの大都市でも、まだ田舎の自由な風俗と連帯するものがあり、一般の研究者や文部省あたりが想像するほど教育勅語的国民道徳は浸透していない。むしろ戦後の高度経済成長の都市化で、村落共同体の維持していた自由な民俗が、徹底的に破壊されたといってよかろう。そうした歪曲からいろいろの危険な徴候が噴出していることは、コンクリート女高生事件や宮崎幼女殺害事件など、これまでの想像を絶したような風景の続発で予想できる。すくなくとも大正初期から生活した者には、あんな少・青年環境を想像することすら不可能であった。

田舎では近所の数軒で、風呂を廻り持ちすることが多い。五右衛門風呂であるから、まあ一度に一人より入れないので、いろいろと雑談を楽しみにして集まる。男の子が十歳にもなるとチンチンがアオトンガラシから、スボケ型になった。どこでも田舎の風呂は順序があって、まずオヤジたちが入り、次に男の子たちが入り、それから娘や嬶、女児が入る。男の子が風呂から上ってくると、次は嬶たちになるから裸で待っていた。「オ前、ずいぶん大きなったやないか。見せてみい」とつかみにくる。「イヤア」と逃げると、「つかまえて」と他の嬶をよんで後からだきかかえさせ、マエをつかんでしごいてくれた。「痛いっ」と泣くと、「あんじょしとかな嫁ハンもらわれへんぜえ。家のもんではでけんさかいオバチャンがしたるねん」と、またしごいてくれる。「おぼえとれ、オバハンのオメコもしごいたるぞ」「サア、しごいてみんか」と、裸体をつきつけた。それからはときどきつかまえられてしごかれ、一年ぐらいするとチョロムケ、ハンムケになる。オバハンもお乳をさわらせたり、吸わせたりするが、「もっと上手に吸わんかいな」とお尻をたたいたり、ひねってくれた。「くそっ」とマタへ手を突込んでつかむと、「なんや、それ、アホウ」と手をつかみなおさせてうまいこと撫でさせてくれる。見ている他の嬶どもは、「どうや、ええ勉強になったやろ」と笑っていた。これで十五にもなるとマルムケになり、包茎など殆んどなくなる。

ムラによってコドモのシツケは違うが、一人前に育てる根本は同じであった。コドモが七つ、八つにもなると近所の仕事上手なオヤジの家へ遊びに行き、ムカシバナシ、世間バナシを聞いたり、ワラたたき、縄ナイなどを仕込まれる。「オ前、女のモンみたか」「静チャンのもん、見た」「そらあかんぞ」と茶菓子をもってきた嫁ハンを押し倒し、「なにをするの」とあばれるマタを開かせ、毛の生えているのを見せてくれる。冬になってコタツにあたってしゃべっていると、オバハンが手をにぎって自分のマタへ入れさせ、上手に撫でられるように指導してくれた。「おい、お前とこのカカア、俺《ウチ》のむすこをオトコにしたらしいぞ」「うん、ちと早いな」「なにが早けらあ、お前はもっと早かったやろ」ということになる。十一、二にもなるとセンズリも覚えるし、すこし色白のかわいいコドモになると娘や嬶、後家どもが目をつけて、オトコにしようとねらった。「××屋のオバハンがのう、十三むすこのチン噛んで、いたかった、いたかった」とウタにされ、コドモが合唱してムラの大道を触れ廻る。ムラの連中はアハア、アハアと大笑いするだけだ。嬶どもはオバハンをつかまえて、「ええ目《メエ》したなあ」「なにがいな、ガキのハツムキもしんきくさいぜえ」「そんでも七十五日生きのびたら、ええやんか」。まあ、そんなことである。

コドモにとって、男も女も十三は鬼門であった。コドモ、コドモとて、いつまでコドモ。七つ、八つこそコドモ。ムラによって違うが早いところは十三、だいたい十五で若衆入りする。七つ、八つからそれまでがコドモオセ、コワカなどといい、オトナとの中間項として待遇した。たいていこの間に、なんとかオトコ、オンナの道を教えてくれる。ハルヤマ、四万六千日など、春から初夏へかけて神社、寺院のマツリやオンナ講が多い。うちのムスコはどうもオクテだと心配したオフクロは、近所や親類のオバハンにオテヒキを頼む。オバハンはコドモにお手を引かせて、つまりお手てつないでお参りする。途中の山林や境内のほどよいところで休んで昼食、すむとムスコをだきかかえてオトコにしてやった。しかし逃げ出すアカンタレもあり、二人がかりで輪姦というのもある。アミダ講、地蔵講、薬師講などで女ばかりがオコモリするのも多く、たいてい村はずれの野原や、山奥の墓地に接した尼寺《アン》や堂舎が多い。こうしたオコモリにコドモを連れ出してもらって、オトコにしてもらうのもある。庵主さんに「オンナの講へオトコが加わってもええの」と聞いたら、オトコになる前のコドモはどちらともいえるのだそうだ。お乳のませている赤ン坊や、走り廻って騒いでいるガキどもは、なるほど混淆である。そこでオトコにしてもらうと、家へ帰らせられた。しかし母親同士が相談して、あんたのムスコはうちがオトコにするから、うちのムスコはあんたがオトコにしてやって、というのも意外に多いらしい。まあ、ムスコをオトコにするため、昔の母親たちも苦労したのだろう。地主、豪農級になると、中学へ行くようになって、他のムラのゴリョニンサン、オイエサンなどに茶の湯、生花、とくに多いのは習字の勉強に通わせられた。まあ、行儀作法全般のオケイコということだが、その奥伝は結婚生活の教習になったらしい。「お前はどないやったんだ」と聞いたら、「同じようなもんじゃ」といったが、それは表向きで、もうムラの女や女中どもと遊んでいるのが多かった。娘や女中をはらませて、ゴタゴタしているというような風評は、どこからともなく流されてくる。百姓たちもずるいから、同じ仲間ならケチをつけてもしようがないが、地主、豪農層となると取れるものは取れ、ということになって揉める。

コシマキハジメ

オンナの子も十三になるとカネツケイワイ、コシマキハジメなどと、ムラによっていろいろと行事の内容や方言の違う風俗が多くなった。オトコの子のフンドシイワイと同じような民俗が多く、やはりそれで一人前のオンナにする行事になる。女の子には、別に「初潮」の特殊な生理があり、これは女の子によって日時が違うことになるが、たいてい十歳ぐらいになると始まった。それをハツハナ、ハナムカヘなどと方言も多いし、行事の内容もいろいろと変わる。あるムラの行事や方言を採取すると、その属する郡や市町村は同じ民俗と思うらしいが、そのムラと隣のムラでも全く方言も内容も違うところが多いので、ここでいっているのは気のついたものにすぎない。初潮の民俗で特色ともいえるのは、すぐに女になったオヒロメをすることだ。播州あたりでは、まずその日に赤飯、蛤かアサリ汁などで祝ってやる家が多い。翌日になると赤飯か、強飯を炊いたり、蒸したりして、娘に桃割れ髪、赤入り絣の着物、本帯、赤腰巻という姿で、近所の家や親類へ配らせた。「ホウ、あんたも一人前になったの」とアイサツ、御祝儀の金品を贈る。だいたい年頃になると親類は長襦袢、帯、腰巻などを用意するし、隣近所は半えり、クシ、カンザシなど装身具を買っておいた。この習俗も階層性の高いもので、地主、豪農級になると娘が世話になっていたり、嫁入りの媒介を頼みたいような人たちを招いてフルマイをする。朱塗りの客膳に鯛の焼き物、ハモの吸い物、あるいは蛤のすまし汁、赤飯を出し、桃、リンゴ、梨など季節の果実を赤く染め、それに笹の葉、松葉、ヒイラギ、ヒバなどの小枝を挿して出した。それをサカエ木というが、客は娘が一人前になった披露とさとる。娘がアイサツして引っ込むと、大根を陽形にしたものと、陰形に細工したヤマイモとをすり合せて見せるなどの無礼講になって騒いだ。自宅でするのが普通であったが、次第に派手になって町の料理屋などで芸妓、仲居、酌婦などをあげて騒ぐようになる。しかし小作、水呑などの低階層では、軽く内祝いする程度にし、桃割れ髪、赤縞の着物、見えないが桃色のネルの腰巻という姿で近所を歩かせた。これに気がついた家では祝儀袋や装身具を与えて、祝ってやる。この程度でも祝ってもらえる方はよいので、よそのムラから働きにきている子守、女中、女工などになると、突然の変調にどうすることも知らず、親切な先輩や大人が居れば僅かに手当てを教えてもらえた。

どこのムラでも初潮があると、娘になったとして娘仲間へ入れ、娘宿へも泊まらせる。そこで十歳や十一、十二でも若衆が遊びにくるというのもあった。しかしムラによって娘仲間が厳しく監督しているのもあって、初潮とは関係なく、十三歳になるまで待たせるのもある。十三と十六、ただのトシでなし。十六で娘は、道具揃いなり。十三パッチリ、十六乗り頃。といいろというが、要するに十三になるとふくれたり、はじけそうになるが、まだ早い。十六になって毛が生えるようになると、もうオトコと遊んでもよかろうということだ。ただしムラによっていろいろと違って、九つや十でも月経があれば通わせるのもあるし、十三になって近所の社寺へ参詣、それから水揚げしてもらうのもあり、十五や十六になっても娘仲間が毛の生え揃いなどを審査して許可を出すのもある。オトコとの初交、水揚げも、若衆やオトコの早いものの勝ちという放任型もあるし、親や兄姉などが適当な人選をして依頼するのもあり、また娘仲間でオトコを選んでやるのもあって、いろいろだ。こうして依頼するのは、布一反、米二升、酒一升とか御礼を出すムラが多く、男の方もカンザシ、半えり、足袋などを持参する。その後、娘が結婚してからも生涯、相談相手になってやるのが多い。しかし男の方がカネやモノを出して水揚げするものもあり、これはもう売春に近くなる。

　こうして若衆やオトコと夜這いや夜遊びを楽しむようになるが、夜這いや夜遊びの様式、習俗はさまざまで、詳しくみればムラごとに違うといってよい。だいたいムラうちの男と女となら、結婚とは関係がなく開放されている自由型、未婚の若衆と娘との間で許されている若衆型、後家とか嫁《イ》かず後家なら通ってよいもの、またはマツリとか、盆などに限って全開放とする限定型がある。なお他のムラとの関係からいって、自由に出入りを許している開放型、他のムラから通うのを厳禁する閉鎖型、開放しているムラに限って自由に出入させる相互型、マツリや盆、その他の行事に限って開放する限定型があった。ムラの連中は、こうしたムラ、ムラの慣習を承知の上で通ったり、遊んだので、だいたい自分のムラから一里、約四キロが行動範囲となる。夜這いにも時間が限定されており、早くて午後の十一時、普通は深夜の零時頃から行動を起こし、早暁の一番ドリが鳴くか、午前四時になるといかに楽しくても脱出しなければならない。要するに一般のムラの人たちや、家の人たちが眠っている時間帯をねらうので、俗にマメ盗人という所以である。夜這いの通いでも若衆たちの自由にする型、クジその他で順廻しにする型、半年または一年間を固定する型、娘や女の方が指定する型、若衆が指定すると絶対に従わねばならぬ型があった。

2　農作業と性民俗

失われた昔の農村風景

日本の農業は、戦後の一九五〇年代に完結した機械化、化学化によって第一次産業としての様相を激変させてしまった。つまり、それ以前のように宗教や信仰との密接な関係を失ってしまったのである。これまでの農業は天候や災害に左右されることが強かったから、そうした障害を避けたり、防ぐために宗教や信仰に依存せざるをえなかった。

ここに集められた農耕作業の極めて一部の「田植え」作業にしても、いかに多くの祈りや忌みに満ちているかがわかる。そうした作業も殆んど、手作業であったから肉体的な疲労が激しかった。とくに田植え前後は肉体的な作業が集中している。麦刈りはまだ楽であるが、麦カチ作業は大へんな労働であった。それに続いて耕耘作業があり、整地がすむと田植えがある。田植え作業は主柱となる稲作の基幹であるから、まさに決戦場としての様相があった。戦前のそうした景観は、もはや戦後の機械化・化学化的作業では想像もできぬようになっている。とくに圃場整備によって灌漑が殆んど気まま自由に行えるようになって、戦前の水不足、灌漑序列の慣行が著しく軽減されたことはその波及効果が大きい。恐らくここに集められた作業や信仰、禁忌は、すでに過去のものとなり、もう残っているものは殆んどなくなっただろう。いま昔の風景を回顧すると、まさに夢まぼろしの如くである。

苛酷な労働と性の楽しみ

昔の農作業には極めて苛酷なものが多かったが、それだけにまた一面では極めて娯楽的な要素を盛り込んだものが多い。肉体的に苛酷な作業であるほど、他面では娯楽的要素を大きくもたせたともいえる。いわゆる大田植え、花田植えのように歌舞音曲を伴奏させたものもあるわけだが、一般的に普及は望みえない。そこで手軽に一般的に求め、求められるものということになると、男と女との肉体の相互交換、利用ということにならざるをえないのである。地主・富農層のように、直接に苛酷な肉体作業もしないし、芸妓その他の売春業者を自由に利用できる者は、キレイな道徳倫理を口にしておればそれですむ。しかし僅かな自作や小作、農業労働で、漸く生計を維持している貧農、零細農ではそうはできない。苛酷な作業であるほど、そのなかに楽しみを求めざるをえないから、農作業のなかには極めて性的解放を強くもつものがある。

麦カチ、田植え、草取り、臼碾きなどの作業の労働唄に、極めて性的要素の多いのは知られている通りだ。ただ文字化されて報告になっているのは、極めて上品なものにすぎず、実情は更に濃厚、とても口にも筆にもできぬということになる。自ら作業に加わって、生活を共有しないでは、そうした実況はわからない。

苛酷な労働作業を続けて、なお性的作業をやったのでは、ますます疲労を大きくするにすぎないのでないかという疑いもあろうが、人間の肉体というものは、それほど単純でないらしいから面白くなる。肉体的疲労が大きいほど、性的欲望も激しくなってくるのが、だいたいの様相であろう。といっても、それは青・壮年にしていえることで、老年に入ればそれほどの元気がなくなる。

変わる田植え風俗

田植え作業も、具体的には地方、地域、地区によっていろいろの特色や差のあるものが多いので、いちがいに同じ様式や似た風俗というわけにはいかない。昭和九年から十三年まで、東播七郡を中心に周辺のムラを廻ったが、近所や隣のムラで、もうかなり違うのがあった。ムラのなかのカイトやカチでも違うというのもあり、民俗や方言の分布などというもの、よほど精密な調査をしないと、かえって不用の誤報を出すことになる。東播地方では大正初期、七、八年頃までは、だいたい田植えといえば紺がすりの着物に、赤い腰巻、赤いたすき、白手拭いを両肩にかけ、スゲ笠ということになっていた。しかし十年とくに大震災後、急速にそうした風俗がなくなり、昭和六、七年頃の農業恐慌を境に殆んど消滅する。

だが山村や平野部でも、昭和十一年頃まだ古風な民俗を残しているムラがあった。それは、しかし殆んど孤立といってよいほどで、ムラうちのすべてが古い民俗を守っているというのは極めて稀で、殆んどはムラでも古風を守る家が僅かに維持しているということである。そうした家では着物、下着、腰巻、タスキ、手甲、脚絆から手拭い、笠まで新調して当日を待つわけで、当時すでにタオルばかりなので日本手拭いの入手に困り、早くから手当てしたそうだ。

田植えはだいたいムラとしては四、五日で終わるわけだが、他所のムラから手伝いに来てもらったりすると、その返しにスケに行くから、一週間か、十日ぐらいはかかることになる。自家の組うちだけの手伝い合い、つまりユイは田植え中にお互いにすませてしまい、残ったのはサナブリにカネで支払うなどにして、後に勘定を残さないようにした。他の組やムラからの手伝いは、相手の組やムラの当年の情況で違ってくる。しかしいずれにしても、当年だけで差し引き勘定はすますようにした。

植えつけ面積、経営情況で違うが、数人から十数人ぐらいまでの助人を必要とする小・中地主級や自・小作級が、人手の確保に困ったのである。自村では求められるはずがないから、田植え時期のずれる他村や他地域から移入してきた。これもムラによっていろいろと難しい問題が起こる。それぞれムラによって日雇の協定賃金があり、これに違反して高い賃金は出せない。というわけだが、協定は殆んど年初めの寄り合いで決めるから、約半年も経過すると経済変動の激しい年であると実情に合わなくなる。そこでいろいろと協定くぐりの便法を案出して実情に合わせることになると、ぐんぐんと実質賃金が高くなり、小作料に影響して大騒動にもなった。

東播地方を初め、畿内地方では、だいたい下流の沿海地域の賃金が高く、山奥の村へ入るほど安くなる。協定賃金でも下流が一円五十銭とすれば、山村では一円ぐらいでそれだけの差があるから、山村の人たちは下流地帯へ働きに出た。しかし協定賃金で働いてくれるわけがないから、宿泊料とか馬車賃、つまり旅費、交通費などという名目で、協定外の支出を多くして、なんとか辻つまを合わせる。馬車賃はともかくとして、宿泊費は全額、まあ形式だけのもので、殆んど雇い主の家やその手配した家で泊まるから、出稼ぎ人が宿泊料として支払うことはない。こうして数人から十数人の人たちが合宿生活をすることになって、いろいろと興味の多い性民俗が発生し成長する。

集団出稼ぎと性民俗

江州あたりでは山村の人たちが早く田植え作業をすませ、平野部の村むらへ集団で出稼ぎに出たが、約一カ月近くも移動したらしい。それに続いて「茶摘み」作業で移動、約二カ月近く外稼ぎに歩いた。なにしろ一人前の娘や嬶どもの集団であるから、抜けがけみたいなイロゴトができず、しまいにはコッテ牛みたいに獰猛となり、男を輪姦するようなこともやったらしい。江州奥と三重、奈良県境の茶生産地域の茶摘み作業の調査に廻り、いまどきどこでもお茶子の宿で旅人宿や民宿も満員、若い男が同宿したら半殺しにされると断られた。小学校の宿直室で泊めてもらって尋ねると、まあ、それほどのことはあるまいが噂はいろいろとあるらしい。

お茶摘みも紺ガスリの着物に赤い腰巻を出し、紅だすき、手甲、脚絆、姉さんかぶりで、盛んなお茶摘み唄が聞けると空想していたら、それは映画や観光用の演出で、実情は二八の乙女など稀で、嬶や婆さんたちが労働着姿でいそがしく立ち働き、大へんな重労働であることがわかった。聞くと見るとは大違いである。ただし明治、大正初期まではそれほど近代産業化が進まず、近隣地方の需要をまかなう程度のところは、絵に画いたような晴れ姿であったそうだ。維新になって貿易茶が盛んとなって、古い民俗は崩れてしまったが、それでもまだ地方消費を目的にする土地もあり、そうした村むらでは昔ながらの盛装で、茶摘み唄をうたいながら作業し、若い衆たちとの交歓も盛んであったらしい。

田植えも同じような経過をたどっているので、いわゆる正条植が普及するまでは、山村やそれに近いムラでは、田の所有にかかわらず用水の順に、ムラが共同で作業するところも残っていた。明治中頃からどこでも個人別に作業するようになり、ユイを組んだり人手の貸借を勘定で始末するようになる。こうなると昔ながらの盛装での田植え風景が消滅し、労働着の汚れ姿が主流となった。昭和九年から十三年頃まで私の調査した頃でも、晴れ姿で田植えしているムラがいくつかあったが、ムラのうちでも極めて少数で、その殆んどは自作田でありその家の若い嫁や姉妹というのが多い。

まあ、普通のムラでも、昔のような晴れ姿はしないが、田植えの初日には洗濯した着物で作業に入るという人が多かった。田植え作業は腰を曲げてうつ向く姿勢なので、長時間になると辛い。田植え唄というのは唄い手は作業をしないか、休んで歌い、植え子の早乙女はハヤシだけが多かった。ツボにはめるとかいうのは、大田植えといわれる共同作業の時代で、正条植になるとツボに入れようもない。つまり田植えの風俗も、その様式や技能も変化したので、こうなるとムラの性民俗も変わってしまった。

共同田植えとワイ談

大田植えつまり共同田植えであると、十数人の早乙女が一列に並んで作業を始めるから、お互いに競争心理もあるし一人だけ休止するわけにはいかぬので、つかれをまぎらわせるために、いろいろとワイ談をしたりやったりして周辺の人たちを笑わせ元気を出させる。

これは男も女もきつい労働作業では同じことで、君に忠、親に孝などのはなしができるわけがない。まあ、殆んどは夜這いばなしや、ムラの若い衆たちの評判から、あの物が長いの太いのということになり、なかには若い衆のとり合いにからんで泥水のかけ合いをやった。たいてい若い衆がナエモチ、ナエウチをするが、ナエがとどかないなどといって若い衆を困らせたり、田の中へ連れ込んでせめるのもある。その間に一休みできるからで、わかってみればなかなか面白い。

ナエモチは十二、三歳のコドモが多いが、かわいい子であると田の中へ引き入れてマタへ手を入れたり、自分のマタへ手を入れさせびっくりするのを楽しむ。田の神さまは水に映る女のものを見て喜ぶというムラが多く、ほんとに水に映るのかと聞いたら、来て見んかと誘われて行くと、嬶や婆は行儀が悪く内またまでは映るが、奥まではムリである。まあムリに映るような姿勢にすれば、できないこともない。若い娘や嫁になると腰巻が開くほどマタをひろげないので殆んど映ることはなかろう。だいいち次から次へと動いて植えて行かねばならないので、田の神にゆっくり観賞させるような暇はない。といって真面目な顔をしていてはつかれるし、仕事もはかどらないからワイ談だけは相当高度なもので、とても筆にできるものでないということになる。といっても夜這い世代で、ムラの男や若い衆たちと性的経験を共通にしているので一言、二言でも通じ合うから面白いので、それがわからない者には半分も通じない。唄もワイセツなものが多いが、女たちのシャベクリは、はるかに激しいものである。そんなことで田植えがすんで畦へ上がると、男とみだらにだきつきたくなるほど興奮することもあるそうだ。

山の間や谷がけの田であると、ナエウチのコドモや若い衆を引き入れて強姦ということになる。そんな年は、稲がよくできるといって喜ぶムラもあってさまざまであった。

合宿ザコネで性の解放

それほどであるから出稼ぎ女や男たちの合宿となると、たいていザコネであるため盛大な性の狂宴ということになる。それで足や腰がのびて、翌日の作業もできるというはなしであった。

普通のムラでも助人に頼んだ近村の人たちを家へ帰らせていると、朝早くからの作業ができないので、自分の家や親類の家などに宿泊させると合宿ザコネになって、同じような性的解放になる。地主などの家では小作、下男、下女などとの合宿になり賑やかならしい。ともかく田植え作業にはそうした性的民俗が多かった。

この頃は猫の手も借りたいという繁忙で、小学校も休校、学童まで幼年は家の留守番、子守、食事の手伝いにこき使われ、少年少女は一人前の大人並の仕事をさせられる。山村など人手の足りないムラでは十歳以上の少女らも、田植えをさせられていた。そんなことには遠慮しないから、あけすけなワイ談をたっぷりと聞かせられる。普通のムラでも食事支度をさせないと、田植えの助人に使うから性教育を受けることになった。

私など行商人連中も、田植えなどに関係ないとわかっている者は、手伝いにきてくれと頼まれて困る。田植え前後に行商に廻っても商売になるまい、それよりも高い日当を払うからと誘ってくれた。平素からいろいろ世話になっている女性の家へは援助に行かねばならず、私たちのような非定住人も甚だ多忙になる。一人前の賃をとるのは気の毒だから、まあ手伝いさせてもらうというので、いろいろの作業をやらせてもらって勉強した。

性にもあるアジワイ

そうした作業を通じて老農といわれる人たちから、よく聞かせられたのはアジワイである。アジワイとは、手工業関係でいうコツみたいなものだが、コツが全く技能練磨的であるとすれば、アジワイはそれにプラス人格的熟成が加えられた。単に上手というだけでは良い作物は作れない。他の百姓と全く同じ方法、手順で作っていても、作物に良否が大きく出てくる。一方が定められた型通りにやるのと、定型通りにやるのは同じだが、その局部的な土性、地質を考え作物の生育情況を考え、それに適したように修正してやるのをアジワイといった。

作物は生き物だからこうして欲しいといっているので、それに合った方法を考えて施してやる。それがアジワイというわけだが、なにか禅問答みたいでわからないけれども確かに作物は喜んでいるらしい。しかし老農のはなし通りに聞くと田畑の鋤き方、肥のやり方、草の取り方、芽の摘み方などと、いろいろ重層的にアジワイがあって、その一つでも大へんなのに、全体に実行するなどまあ不可能であろう。ただ老農といわれる人たちは幼少から百姓作業をし、自作の田畑は知り抜いているからできることだ。そういうことだが職人にしろ、熟練工にしろ、老農にしろ、たしかに作品、製品、作物に異常なほど愛情をもっているのは確かである。

職人や熟練工であれば、ともかく製品、作品が残るわけだが、老農の場合は食ってしまえばしまいであった。それは杜氏などの酒造りも同じで飲んでしまえばしまいである。にもかかわらずそれだけの愛情をもっていたので、百姓仕事というのも大へんなものだとわかった。しかしそのうちに男と女との間にも、性交技能にもアジワイがあると教えてくれる。

夜這い世代ではいろいろの女と交渉が生まれるけれども、お互いに好きになるのにはアジワイが合わねばならない。モノが太いとか長いとか、キンチャクのようにしめるなどというだけでは永続性がなかろう。そこで昔の夜這いでは年上の娘、嬶、後家などが、それを若い衆に教育し、壮年の男たちは水揚げした娘たちを訓練したのである。単に好色の男を育てたり、娼妓・芸妓のような商売女にするわけでないから、技能的な点でもアジワイをもたせるように教育するので、お互いに選別して夫婦になればまず離別しないだろう。

まあそれほど完全な性教育が行われ、かつ成功したかには疑問もある。しかし筆下しや水揚げを依頼するときに、その父兄や母姉たちが、ただ単に性的技巧が上手だからというだけでは選別せず、人間的にも信頼できる、いわゆるアジワイのわかる人に頼むということだ。

3　筆下し、水揚げ

修身教育とは無縁の世界

ムラの性的民俗も極めて多様で、全く自由放任のムラもあれば、若衆入りの夜、クジで相手の女をきめるムラもあり、娘の水揚げも若い衆の自由にさせるムラ、娘仲間が選んでやるムラなど、いろいろである。

私など、少しでも教育勅語的修身教育を受けた者には、理解が難しくて早合点していることも多かった。その第一は一夫一婦的思考で筆下し、水揚げを考えることである。男も、女も、初めて性交した相手に一生、その貞操を守るべきだという思考である。ともかくそれを理想として教育されたから、ムラの性民俗もそうした見方から考える。そうすると若衆入りの夜の性関係など、なんとも理解できるものでない。伊勢参り、山上さん登りなどの精進落としも同じで、不潔だというのはよいが、あいつは変り者だと疎外されてしまう。まあ、私はそれほど「修身」の成績がよくなかったから、あんまり苦にもしなかったが、まじめに考え込んでいるのもあった。それにしてもムラの性民俗がわかるまでにはかなり苦労する。つまりムラの性民俗の基調は、男も女も初交など、あんまり気にすることでないのであった。

筆下し、水揚げなどという習俗も、都市の売春業者が案出した、商売政策であり、それに乗った政治屋の倫理政策ということで、もともと不純なものなのであったから、ムラには通用しなかったのである。ムラの生活では男も、女も比較的早くから性交の経験をするので、いわば初交など道で転んでスネをすりむいたぐらいの感覚であり、貞操を失ったとか犯されたなどと大騒ぎするほどのことでない。

都市育ちや都市化した民俗研究者にはこのへんがわからないので、筆下し、水揚げを大事件だと思い、そういうことを結婚以外で経験するのは国民道徳に反し、君に不忠、親に不孝の最大の罪悪と宣伝する政治屋にだまされ、チンドン屋となって手先にされた。柳田國男はチンドン屋の親方をつとめたが、彼自身はそれを信用するほどバカでなかっただろう。つまりキワモノと知った上でのチンドンであったからその罪は倍加する。大正末から昭和初めになると国民道徳のしめつけ方が強くなり、ムラでも表面的には若い衆や処女の純潔を唱えるようになったが、それでは筆下し、水揚げを廃止したかというと、そうしたムラもあったが、殆んどは継続したし、廃止したというムラでも内実は変わらなかったのが多い。

そうした情況を見ていてわかったのは、上から押しつけてくる性教育はいわゆる純潔教育、貞操教育であるから、初交を重視し、一夫一婦的生涯を典型にする。しかしムラの性教育は、どうすれば楽しい性生活ができるかというのが主題で、結婚したからには性的に不整合であろうと一生離れてはいけないなどというものでない。したがって初交教育もあるが、それはムラの伝承教育であって、とくに性教育というほどのものでなかった。ほんとうの性教育はその後に行われるので、その型式はムラによっていろいろと差はあるが、夜這いは最も通常のものとみてよかろう。

地主の子弟の性教育

性教育にも階層により、ムラによって特殊な型式のものがある。あるムラの地主の子弟は、他のムラの地主のオイエサン、ゴリョニンサンに習字や茶のケイコに通わせられた。しかしその実相は性教育、性生活の実習教育である。同じムラでもお互いに息子たちの性教育、生活実習をさせるのもあった。初交から継続するのもあっただろうが、たいていは初交とは関係なく、また夜這いとも関係なく親や一族たちがとくに人選して頼むのが一般である。

まあ普通の場合、夜這いのような特別の教育は通常の学校教育でなく、いまの塾教育みたいなもので、双方をかねて勉強してもよかった。

娘の方も同じで、夜這いで若い衆が通っていても、結婚前になると仲人の家や信用できる人に頼んで性教育、性生活の実習をさせてもらう。いわゆる女子の娘の行儀作法のシツケ、実習というのは、こうした性生活の教育も含んでいたというよりむしろそれが目的であった。ただしそうした塾教育をどこのムラでも行ったわけでないが、夜這いのあるムラなら、そのムラの年長の娘、嬶、後家、庵主さんなどが、若い衆の結婚するまでに相当の性生活教育をしてやったので、決して若い衆を遊ばせるだけでない。とくに目をかけて教育してもらった連中は、同門の弟子ということでボボ兄弟などといった。そんなことで、だんだんと若い衆入りの夜の初交を重視するようにいうムラも現われたが、ほんとは男も、女も初交など問題でなかった。筆下し、水揚げをいつ、どんな型式ですましたかに関係なく、夜這い民俗は特別の塾教育的なもので、若い衆や娘の性生活教育をしていたのである。

抹殺された底辺の性民俗

日本のとくに町人、百姓、下人、職人などの性生活、性民俗は、いま殆んどわからないようになってしまった。これまでの研究は文献、記録が主で、それらの文献、記録に採取された民衆、非常民の性民俗、性生活も、そのままの実態を伝えるものでなく、記録者が人倫に反すると考えたり、よくわからないものは儒教的な思想で処理し、それでわかったと思っていたのである。明治の天皇制政権も、いわゆる欽定憲法の公布、教育勅語の制定で、天皇制を中心とする国民道徳を強制、それに反する民俗、伝統は淫風陋習として、徹底的に弾圧した。私が民俗調査に興味を持ち始めたのは一九二三年（大正十二年）頃からであるが、郷里の播磨加西郡、出稼ぎ先の大阪や近郊で生活してみると、小学校の修身で教えられた純潔教育、一夫一婦制結婚生活など全くの虚構であることがわかる。もとより私は感受性の強い性格であったから、小学校四、五年ぐらいよりもう「修身」と現実生活との矛盾がわかり、「修身」もただの暗記物にすぎないと悟っていた。しかし実社会に出てみると、その差があまりにも甚だしいので驚いたのである。まあ盗みをするな、ウソをつくなぐらいはわかるが、性生活、性民俗になると修身・道徳など教えられたことの片鱗すら残っていない。

4　若衆入りのマツリ

懇篤な性の実地教育

「お前、もう若衆入りすんだんか」「すみました」「どないすんねん」「酒一升もって、入会します」「これはどないやねん」と例のニギリをしてみせてくれる。「それはもう一、二年して山上講に行かんとあきまへん」「ここは若衆入りした晩に教えてもらうんや」というわけで、若衆入り性民俗もムラによって違うことがわかった。

こんな女連中に囲まれて若衆入りの夜の民俗のはなしとなると、これはもうとても筆にも、口にも及ばぬということで、まともに公開などできるもんでない。『どるめん』などにごく素描を書いて報告してあるが、あんな上品なものではなかった。まあ若い衆にもいろいろと性格があるので、それに応じた教授方法を考えたというわけである。

いずれにしても経験の豊富な連中が、秘術を尽くして教育するのだから、その効果はいうまでもなかろう。ともかく私などの経験した結果からいえば、遊廓や売春業者たちから手ほどきされるより、はるかに懇篤《コントク》、かつ貴重な訓練であったというほかあるまい。いくら女郎や売春婦が「筆下し」を喜んだとしても、あれだけの誠意のある教育はできないのである。つまりは同じ共同体の成員として、生死を同じくするという根本理念によるというほかあるまい。

難しくいえばそうだが、当人たちがそれほど村落共同体を意識するはずもなし、正直にいえば、ええ若い衆の元気のよい棒を通してもらって、一夜を楽しんでみたいというわけだろう。若い衆の方も、すでに経験ずみのはどんなオバハンに当たるやろかと楽しみだろうし、ほんまに未経験のは、さてどんなことやらと、嬉し恥ずかしで胸ワクワクというわけだ。

こうしたムラでは、表向き未経験の若い衆に限るという約束があって、すでに経験のある男は急用で神戸へ行ったとか、なんとかかと逃げることになっている。しかしそれはよほど有名で、かくしようのない男だけであった。まあ仏さんの前で教育してもらうのだから、「ウソいっていたら抜けなくなるぞよ」とか「結婚して初夜に抜けなくなるぞよ」などと脅かしはある。ただ若衆入り前の経験などタカが知れているから、殆んど無事に通過しているらしい。

私にも経験があるのでよくわかるが、女と違って処女膜に当たる未通膜などというのはないので、半包茎ぐらいにしてうまいこと管理しておくと、キレイな桃色を見せるだけで女はぼーうとして信用する。とはいうものの田舎の若い衆は、そう世間が広いわけでなく、大部分が未通かそれに近いと思ってよかろう。女の方も、いくらかくしても一度でも経験がある男はわかるというがそれほどの知識はない。

正直にいえばそういうことだが、若い衆入りの夜の教育現場がかなり猥セツであったのは当たり前のことで幼稚園のお遊びであるまいし、「さあ、皆様《サマ》お静かにいたしましょ、一《ワン》、二《ツー》、三《スリー》、ハイッ、お腹《ナカ》の上に乗って、乗りましたか、それではおコシマキ開いて、よろしいか、一、二、三、ハイッ、棒を差し込んで」。柳田派民俗学の連中はこういう性教育を理想としているのだろうが、それでは珍棒もしおれてしまうだろう。

まあガヤガヤ、ワアワアしゃべくり合っているうちにクジがすみ、双方がネマへ入ってからも、いろいろと騒がしく、ということになる。小学校、中学校の卒業旅行の宿屋風景とみればよい。事実として、それぐらいの感覚だろう。

若衆入りの準備

旅行前にいろいろと予備知識を吸収するように、若い衆入りの前には、経験ずみの先輩たちがいろいろと前教育をしてくれる。今年は四名の新入りだから、あのオバハンこの後家ハンたちが教授だろう。あの後家ハンに当たったら怖《コワ》いぞ、気に入らなんだらハジキ飛ばすぞなどと脅した。いろいろのつまらない春画、私の頃は「一円札」が大流行で裏は太い棒の入っている画である。田舎の若い衆では、それが精いっぱいのサービスで、歌麿の浮世絵など逆立ちしても及ばない。それだけに口はたっしゃで、もう夜這いもやっているから、いろいろと性交の学術的解説をやってくれる。

若衆入りの晩やその前、二、三日ぐらいはセンズリもやめて精を溜めとかんとアカンというのと、その前に出しておかんとアカンという両説があり、『あまとりあ』『えろちか』『人間探究』『性生活報告』など、手当たり次第に調べてみたが、まだ確実な意見はないらしい。以上の雑誌は戦後のもので、そういう出版は戦前にはなかったから、われわれは先輩たちの「口伝」にたよるほかなく、どっちにしようかと迷ったものだが、だいたい精を溜めるという方が有力であった。まあ、素人判断で、溜めておく方が長持ちするだろうということである。いずれにしても、ガヤガヤ、ワアワアとすんで一夜があけると、なんやこんなもんであったのかという不満派、こんなにええことやったんかという歓喜派が生まれた。どっちにしてもタコ、キンチャクの美味、快悦を求めて一生放浪しなければならんことになる。

5　女の厄落しと若衆かつぎ

御詠歌の儀式のあと

「あ〜、しんど、もうやめておくか」「バカぬかせ、ここまでぐじられて後はやめておくではたまらん、殺生なことするな」といわれると気の毒だ。私も「こんなええはなし聞かせてくれたのはええが、もうこんなにおえてしもたぜえ、どないしてくれるんや」と女豪らしいのにかみついたら、「ほんなら帰りにきっと寄るか」「寄るぜえ」「ほんなら向うの山の中にお堂があるさかえ、きっと寄れや」と約束させられる。

夜遅く寄ってみるとまっ暗の山中でなんにも見えない。怖くなったがともかくお堂を探さんことにはと、あの道この道と入っていると、ちょっとした広場があり奥にお堂があった。しかし明りもなし、人の気配もなし、もうあきらめて帰ろうかと思ったが、今からでは夜通し走らなくてはならんし、ともかくお堂でねてもよいと裏の方へ廻ると細い火が見える。ヤレヤレと戸をたたくと女が開けてくれた。

仏前の細いロウソクを太いのに代えてくれると、中年の女性で、キレイに見えたので安心する。夜食をもってきたと五目ずしを食べ熱い茶も出してくれたが、お互いに初めての顔合わせだから、どうにもはなしが続かない。そのうち村のシキタリやからと、西国三十三カ所の御詠歌を上げる。カネは軽く打つだけで外へ洩れないようにした。中山さんで小休、雑談して再開、これを二度くりかえす。この辺では御詠歌の一番留めを嫌って必ず二番にする。また一番札所の御詠歌だけは、決して単独にしない。一番を歌うと、三十三番の観音さまが全部ならんでしまわれるので、どうあろうと終りまで奉誦しないことにはいかぬ。二番以下ならどこからでも単独で歌える。これは播州だけでなく、河内、大和でも同じような信仰があった。そうして御詠歌が終わると般若心経の奉誦、これも二回になる。すべての儀礼が終わると外へ出て出しておいでとすすめた、オシッコだけであるが念を入れておく。もうよかろうと戸をたたくと入れてくれたが、フトンを敷きロウソクも細いのに代えていた。フトンへ入るとだきよせてくれる。

柿の木問答で初床入り

「あんたとこに柿の木あるの」「ハイ、あります」「よう実《ミ》がなりますか」「ハイ、ようなります」「わたしが上《ノボ》って、ちぎってもよろしいか」「ハイ、どうぞちぎってください」

「そんならちぎらしてもらいます」という「柿の木問答」となった。

私の在所の加西郡下里村では、新婚の夜の儀式になっていたが、ここでは若い衆入りの夜の行事になっている。要するに未知、未通の男女の初床入りの儀礼であったので、フンドシ祝いなどでもやっていたかと思うが、私はその機会を逸した。これは仲介してくれた村の女豪が念入りに教えてくれたので、まあびっくりもせんとうまいことルールに乗ったのである。

いままで顔も見たことがない男と女とが、いかに仏さまの前であろうと裸になって抱き合うのには、かなりの抵抗があるのが当然だろう。売春婦ならともかく、家庭の主婦が、たとえ子どもであろうとトモネしようというのだから、まあ、こうした儀式でもしないことにはたまらないにちがいあるまい。実演してみると、まことにうまい装置になっているのがわかる。

これが全くのパントマイムだと役者や売春業者ならできるだろう。しかしズブの素人、それもいま会っただけの男と女とではムリである。いかにぎこちなくとも、短いことばのやりとりであろうと、それに乗ってみると巧妙に流れて行く。

「あんたとこに柿の木あるの」「ハイ、あります」といいながらだきよせ、ヒタイ、下って口にキスしてくれた。「よう実がなりますか」と問うと、「ハイ、ようなります」と胸をひろげて、お乳を出して見せてくれる。じっとしていると手をとって触れさせ、つまみをさせ、乳首を口の中へ入れて吸わせた。「あんた、おかあさんのお乳のんだん忘れたんか」といろいろに吸わせてくれる。もう、ここまでくると女の方は度胸がすわって未知の世界へ子どもを引き入れるのが楽しみになるらしい。腹巻も外して素裸になり、私も裸にしてしまって、身体をよせてくる。私の手をつかんで下へのばさせ、やがて密林をつかませられた。なでたり、さすったり、つまんだりしていると、荒い息をふきかけてくる。しばらく遊んでやろうとつかんで、しめたり、ゆるめたりしていると身体をからませてにぎりにきた。私がのぼって「ちぎってもええ」「ええ、はよちぎって」ということになる。

　集団筆下しの場合は、その間にいろいろと面白い余興も出るらしいが、一組だけの場合はこんなところが平均的な演出であろう。

　いずれにしても男と女とが、一ぺんハダ合せをすれば他人でなくなる。大きなロウソクをつけて女の観音さまへ参拝しようとすると、「いやっ」と両手でかくしてしまう。思い切りつねってやると、「ひどいことして」とつかみにくる。淡桃色の美しいのを見ると、ほおばってしまった。漸く放させて観音さまへ押し込んだら「ほんまにキレイやなあ」と喜んでくれる。「あんた、こんな筆下し好きか」「なにをいうの、あんたが初めてやぜえ。うち三十三の厄落しで九月の清水さんの名月法会にお参りせんならん、いうとったら、あの女《ヒト》がちょうどええ男《ヒト》があったから、厄落しせんかと誘われたんよ。一人前のオトコの人や若い衆やと、一つちごたらどんなことになるかわからへんやろ。あんたぐらいの若い人ならそんなこともないやろとすすめられたんや」「アホらしい。若こてもゴネたるからなあ」「ハア、なんぼでもゴネたらええ」「おぼえとれ、こんなこと教えといて、あと知らんいうてみい、あんたの家の廻り、鉦やタイコたたいて触れ廻ったるからなあ」「触れ廻ってくれたらええよ。そのかわり一生、あんたにくらいついて放さへんよ」ということになった。

女の厄落しのセックス奉仕

ムラではインテリの方で、これ以上に詳しくなると推定がつくからやめておく。もとより主人も、子どももあるが、このへんでは女の三十三は大厄で、三十二が前厄《マエ》、三十四が後厄《アト》、三年続けての大厄であるから、女を脅かすのには最高の装置《アシ》であろう。おまけに女の生れた月によって重なると、もう逃げようもない大重厄ということになる。

これは大阪方面、とくに河内でも同じ信仰が強く、生駒詣りの大ネタになった。三十三になって大厄がくると、摂・丹・播三国の国境に鎮座する清水寺の名月会式に参拝、そこで参詣の男に貞操を買ってもらい、その代金を賽銭にして投げ入れておくと厄払いになる。これをしないで主人や子ども、親などが大病になったり死んだりすると、あの奥さんは厄払いしなかったと後指《ウシロ》さされることになった。

まあそのくらいのこと、どうでもええやないかと笑ってすます女も居るし、気になりだすとどうしようかと迷う女も多いらしい。女どもにいわせると、自分が大病したり死ぬのは諦められるが、主人や子どもに祟《タタ》られるのは困る。少しでも厄落しの方法があるのなら、やっておけば諦めもつくということらしい。

もともと清水寺は摂津、丹波、播磨三国の国境にあり、山頂の山は森林で深くかなり広い平面があった。名月会式には三カ国の信者たちが登山、山頂の寺や堂の前に集まって、それぞれの国ごとに分かれて大盆踊りを開く。播州は吉川音頭、摂州は江州音頭、丹波はデカンショと大競演になった。晩の六時頃から翌朝の六時頃までの徹夜で、つかれると寺や堂舎で横になって休むが、意気投合した男と女とは、そこらの山林の中で木の根を枕に、草のシトネということになる。そこで周辺のムラ、ムラでは一晩に三カ国の盆踊りが見られるし、一晩で三カ国の女の味が賞味できると大評判になっていた。悪い噂では、清水寺の近所の山村では、ムラの女がこの一晩の稼ぎで、一カ年の小遣いをつくるというのもある。まあ、そんないろいろの伝承が重なって、三十三の大厄の女が奉仕、もらったタカラを賽銭にして厄払いをすることになったのだろう。

私の在所は加西郡だが、同じ西国札所の法華山の麓、巡礼街道で五里ほどの道である。若衆はもとより壮年、老年、女どもまで自転車でお詣りした。播州で踊って、摂津で踊って、丹波へ廻る頃になると、私らのような若い衆は、まあ袖を引かれて山中へ連れ込まれる。月の光で顔が見えたら、白髪のババアやったなどというのも居るが、よほど目が悪いか運が悪かったので、中年三十前後の女人が誘ってくれた。若い娘の方は、こちらから積極的に誘わぬと連れ出すのはムリで、しかも若い娘が単独というのは少ないから面倒になりやすくて避けるのがよいということになる。三十三の大厄払いの女たちも、豆代、ボボ代を請求しても、近所のムラの女の小遣い稼ぎとわからないので貰いやすい。しかしいろいろと悩みもあるので、知り合いの人に頼んで確かな若い衆を紹介してもらい、一夜の夫になってもらうのが多いようだ。

　私もその口で、九月の名月会式に約束して登山、山の中でお祭りをすませ、女は賽銭を捧げて無事に厄払いをする。ただ私の方はなかなか厄落しにさせず、一週間に一度は誘いにくると強要したが、それだけはどうしようもないからカンニンしてくれと泣き出し、月に二回か、三回は必ず会えるようにするということになった。そうなると娘と違って、嬶は巧妙なもので不自由はさせず、すればするほど色が濃くなって、「もうあんたとは別れる」と泣くかと思えば、「会《ア》いに来《コ》なんでみい、ほんまに死んだる」と脅すようになる。

三人組みで娘かつぎ

　清水寺の周辺も、僅か四十年足らずの間に激変してしまった。大正末にいわゆる「新道」がついて、クルマで上《アガ》れるようになった。しかし当時はクルマ（自動車）で上るような者は殆んど居らず、自転車で上ることになったが、自転車では急なので歩く者の方が多い。旧道は細く急であったが、距離は近いので若い者がよく利用した。四万六千日や盆、名月会式には、周辺の地方のムラ、ムラからお詣りが多かったが、旧道では若い衆が娘たちを待ち伏せしてかついだりしたもので、たいてい坂の辻で、曲ったところである。その曲った地点から逆に山林のなかへ入ると、道からは見えないが、必ずといってよいほど三、四人ぐらい座れるほどのテラスがあった。

娘たちは必ず数人で組んで登ってくるが、二、三人の若い衆が現われていっしょに上《アガ》ろうと誘うと、これも殆んど同じようにイヤッとか、なんとかいって逃げまどう。二、三人は坂の上へ上るし、二、三人は坂下へ逃げ、逃げ遅れた一人がとっつかまって上半身を二人、下半身を一人がかかえてテラスへ運ぶ。「カンニンや」とか「やめて」とかあばれるが、マタへ手を入れられ、お乳をにぎられるとおとなしくなる。輪姦が終わると、山の山門まで仲よく送ってやり、逃げた友だちを探してやったりした。

襲われた娘を放っといて逃げた友だちも派手に助けてくれなどといわぬし、まあ若い衆の方も心得たもので、だいたい参拝者がとぎれ、上も下も無人になったところを待っている。かりに助けてくれといったところで、経験のある連中はやられたなあと、ニヤッとするだけだ。

だいたい三人で組まぬと、かつぐのはムリで、私も、お前も入れと誘われて仲間になったことがある。一人がすむまではゴネているが後はいう通りになった。本堂の方まで送ってやって別れようとしたら、「あんた、どないするのんえ」「踊って朝帰る」「ほんならうち連れにして」という。踊ってまた木の根の枕でねて、朝自転車の後に乗せてムラまで送らされた。清水寺は、そういう娘かつぎにはよい参道であったが、滝野の光明寺は、参道が長いだけ、もう一つ娘かつぎには良かったもので、ここも旧道、新道があるけれども、旧道の方がやりやすい。

若い衆かつぎで後家の精進落し

盆踊りがあるというので山を登っていると、中年の女が二人、坂の角で休んでいた。「いっしょに上《アガ》らんか」と誘うのでボツボツ上っていると、「あんたがお手引きや」といって急な坂になると前から手をひっぱらせる。そのうち坂の角から横へ入る小道があり、ちょっと用があると奥へ連れ込まれた。小用でもするのかと思っていると、座って休むことになる。「あんた」と一人がだきついて横にされ、しようがないから二人の相手をしてやると、「これで今日の精進落しがすんだ」ということであった。

ええ若い衆が一人でくるのをねらって待っていたので、ていのよい「若い衆かつぎ」である。本堂へ参って、供養してもらって寺の座敷で休むと、あんたには悪かったが亡くなった主人のムカワリで、それで「精進落し」をしてもらったということだ。新後家二人が相談して「若い衆かつぎ」をしたわけがこれでわかる。「もう再婚するの」「子供も居るし再婚はしないが男の人と遊べる」ということだ。夜這いもくるだろうし、若い衆の性教育もできる。これもムラによっていろいろのようで、一周忌というのもあるし、初盆を終わったらというのもあった。

ともかく、こうして精進落しがすむと、後家さんたちも公に性生活を復活できたのである。一人では逃げられるので知り合いが二人で組み、できるだけ若いおとなしそうな若い衆のくるのを待つものらしい。さっそく「夜這いに行こか」「いつでも、おいで」と家まで連れて帰って、泊めてくれた。はなしでは光明寺だけでなく、清水寺でもやっているそうで、娘かつぎのように派手でないから評判にならぬだけらしい。まあ若い衆の方も、娘をかついだのなら話の種になるが、オバハンの後家にかつがれたのでは自慢にもならぬのである。しかしかついだ娘との仲はすぐ切れるが、かつがれた後家との仲は続くようだ。

そのうち姫路郊外の書写山円教寺へ登山、いまはケーブルがあるが、東坂の上りも急であるが、西坂の上りはもう一つ急である。南麓の今宿に知人があり、ここらの坂はどうや、と聞くと、やはり娘かつぎをやっているそうだ。書写山の上は広いので、縁日や会式などには誘ったり誘われることになり、賑やかであるらしい。オバハンたちが子どもや若い衆を「お手引き」といって連れにするのも同じで、「若い衆かつぎ」もやっているだろう、ということであった。

しかし、ここでは「お稚児落とし」「お稚児かつぎ」の方が主でないか、というはなしである。これは昔から盛んであったそうで、つまり男色のことであるが、昭和になると殆んど聞かぬようになったらしい。坂や山の中で追っかけられたとか、落とされたとかの噂も多く、これも三人ぐらいで組んだらしい。「娘かつぎ」の方は、殆んど処女はないとみてよいが、「お稚児かつぎ」の方は経験者ばかりともいえぬだろうから、初めての若い衆たちは災難であったと思われる。男色についての経験はないが、いわゆる「お稚児落とし」を見たことは、三、四度ぐらいあった。これも忘れないうちに書いておくと、十五のとし大阪の商店で丁稚奉公したとき、夜中に目をさますと横で重なっているのを見たが、男と男との重なりはあんまりええ格好でもないなあとイヤになる。私は色が白いし身体がやわらかく見えたので、十三、四ぐらいからねらわれ、小学校高等科のとき同級生でからんでくるのがいた。

II

マチの性愛論

6　場末の性生活

安売市場の小僧と性

　田舎の性生活も、教育勅語などクソくらえというほど自由であったが、都市の、場末の性生活は、もう一段と自由であったといえる。だいたいが古い田舎の伝統を残している近郊農村へ、大和、河内、摂津、和泉、近江などの田舎の連中が、半強制的に移住させられて「場末」を形成したのだから、これで自由がなかったら住み着けるものでなかろう。とくに超零細企業の集団、廉売市場群など、その日の風まかせで、市電の軌道が延びて停留所がなくなるだけで客足が落ちる。いまの刹那的な生活を楽しむのは、もとより当然であった。

　私は都市の中枢部三カ所、場末を三カ所、移動したからだいたいのことはわかる。いまかなり繁華街になっており、当時でもゴミゴミした場末の小商店街を中心にした繁華街で、付近に住吉神社があり、もともとその門前町として発達したらしい。これが吸盤となってデン公、大阪の不良の一つの中枢にもなった。そのまた外れにどんどん開発される長屋群をねらって、廉売市場も開設される。廉売市場には公設と私設とがあるけれども、新興の宅地開発に便乗するのは私設であった。中央を囲んでコの字型に三十軒ばかりを配置し、当時としては大きい市場が開設される。

どこかで書いたと思うが、私は高小二年卒業して神戸の五郎池にあった株屋の丁稚になってみたが、あの取引所周辺でウロウロする亡者みたいな連中を見て、三カ月としんぼうできずにやめた。しかし母子家庭で遊んでいるわけにいかず、世話する人があって大阪九条方面の廉売市場に出店した果物屋の坊主（丁稚）になる。別に付近の小商店街に店があり、ここに主人夫婦、子ども二人、丁稚二人、女中一人で経営していた。

市場の出店は丁稚の私と主人、ときどき他の丁稚が手伝いにくるという態勢である。しかし主人は本店とかけもちで、午後四時から六時頃の多忙な時に居ない。果物屋など、三カ月もすると馴れるのでそう難しい商売ではない。割りに暇があるから女中をよんで店番させ、周辺の御用聞きに廻らされた。

オヤジは競馬が好きで宝塚、京都ぐらいは日帰りするが、少し遠くなると三、四日ぐらい留守にする。そのたびに女房と派手な喧嘩をするが、勝てば次の競馬へ廻り、負けてステテンにならぬと帰らない。気のよいオヤジだが、そんなことで私などもシキセ、三食つきだが、小遣いが月に五円、積立が三円、五円というわけで、当時としては平均値であったものの、他の商売にくらべると安かった。

どうもオヤジはバクチの方が好きで女房の世話はしないらしく、先輩の丁稚がよく夜這いに行っている。しばらくすると、「お前、女の味、知っとるか」と聞くので、「田舎で夜這いぐらいやったぜ」というと、「女中はどないや」とすすめてくれた。ときどき手伝いにくるし、「先輩が夜這いに行くか」と問うと、「オカミさんに叱られるわ」と笑う。

さっそく夜這いに行くと、いろいろと情況を教えてくれた。主人一家は二階、丁稚と女中は階下というわけで、のんきに遊べる。そのうちオヤジの妹が離縁になって帰ってきて、階下でねるようになり、夜這いも難しくなった。しかし、その頃には市場の他店の嬶や娘、お客さんとも遊ぶようになっていたので別に困りもしない。困ったのは嬶と先輩で、これは妹に監視されているみたいで、どうにも不自由なのである。「どうや、妹の方へ夜這いできんか」というので、オヤジの留守のときにやるか、となった。

女中とならんでねているので、女中にタヌキしてくれと頼み、夜這いしてみると横に女中がねているので、あまり騒がずに乗せてくれる。「あんた、オカミサンに頼まれたんやろ。他の丁稚が通っているぐらいわかっとるよ」と笑った。「明日の晩はうちがタヌキしたるでお隣に通い」とすすめてくれ、これも承知の上で「うちかてムスメでなし、それぐらいのこと三日もせんうちにわかるわ」と笑いだした。そのうち妹に愛人があるのもわかり、オヤジが留守すると泊りがけで遊びに出た。

まあ下町の、それも零細企業群となると、このくらい性生活は自由で、そしてあけっぴろげである。オヤジも、競馬で勝てばうまいこと遊んでいるので、泥臭い素人女などなにが面白いのだ、というのらしい。われわれ丁稚ぐらしでは、その真似はできなかった。

松島遊廓の射的屋で遊ぶ

遊廓のあることは高砂に住んでいた頃に、ガキ連中とテラシをのぞき歩いたので知っていたが、大阪へ出て松島遊廓へ連れ出されて、いわゆる不夜城の光景に接してびっくりした。独身者が利用するというのならまだわかるが、比較的経済的余裕のある妻帯者が主というのでは「修身」はどうなっているのか、と疑うのが当然だろう。

初めて遊廓へ連れ出してくれた兄貴分は、私の小遣いを取り上げるのが目的で、そのとき持っていた二円五十銭を貸せととりあげたが、それではかわいそうだと思ったのか五十銭を返し、「これで遊んどれ、帰りの電車賃だけ残して帰れ」といってどこかへ行ってしまった。

道の中央に夜店があり、しょうがないので金魚釣りや射的をやって遊んだが、射的屋の姉チャンが新米とみて、いろいろとコツを教えてくれる。そのうち「ボンサン、ここへくるのん初めてやろ、こんなところへくるようになったらアカンぜえ、そんな悪い子と遊んだらアカン」と説教してくれた。

しかし射的して遊ぶぐらいはええやろと、その後は休日になると遊びに行く。まあ半分ぐらいはタダで遊ばせてくれたから腕も上り、三発、五発と全弾命中となった。他流試合に行くと最初の一発はタメシ玉、後は命中である。しまいには銃をかまえるだけでわかるとみえ、あんまり荒しなやと叱られた。しかし姉チャンが居るのがわかると、いくらでも遊ばせてくれたが、景品は一つももらわない。そのうち景気づけに打ってくれと頼まれるようになり、景品をもらうが、後から返した。景気よく打ってみせると、たしかにカモがよくひっかかる。これタバコ代やと包んでくれたが、タバコはすわんからと断わるとラムネやアイスクリームをサービスしてくれた。

そんなことで、遊廓のこともよく教えてくれる。「あんた、遊んだりしたら姉チャンにしかられるのやろ」といいながらいろいろと教育してくれた。だから私は今でも射的なら最初はタメシ玉、後は全弾命中。娘をつれて夜店へ行き三発のうち初弾はタメシ、後は命中で人形二体をせしめて見せ、びっくりさせる。

射的ですら、それだけの習練が必要なのだから、女の相手も大へんで、落とすのは難しいとわかった。ただし、これもコツをつかんでみれば、それほど難しいものでないし、修身教科書には申しわけないが、あんなくだらんものを教えてほんまに国民が拳拳服膺《ケンケンフクヨウ》すると思っているのかとバカらしくなる。

遊廓のこともわかってみると、女郎さんたちも鬼みたいにいわれるヒキコ、ヤリテババアも、東の牛太郎に当たるオトコシも、みなよい人ばかりで、凄んでみせたり、脅しをかけたりするのも商売上のやむをえない手段とわかった。お前は姉チャンにかわいがってもらっていたから、そんなたるいことをいっておられるのだぞ。真相はそれほどあまくないわいとするのもわかる。だがそればかりでは生きて行けぬのも事実だ。初めて売られてきた子が、明日から商売やという前日に、部屋に置く世帯道具を買いに廻るのもなにか悲しいようなものがある。

遊廓とオチャコ

関西の遊廓には娼妓予備軍といもいえるオチャコがかかえられていた。河内、大和あたりの貧農の子女が主で、年貢が払えないなどというので九歳、十歳ぐらいから売られてきて雑用に使われる。娼家の使用にされるのと、女郎衆に配属されるのとがあり、いずれにしても田舎で子守奉公に出されるか遊廓で娼妓見習いになるか、その前途は険しいというほかあるまい。彼女たちもまだ子どもらしいところもあって、スキをみつけては店へ遊びにくる。もう一人前になった気で客を引っぱってくるのもあった。こうした生活がイヤだと泣く子もいるし、ケロリとして喜んでいる子もあってそれぞれである。

同じオチャコでも売られたのではなく、親が芸ごとを仕込んでくれと頼むのもあり、これは殆んど芸妓になった。法律では満十六歳にならぬと客へ出せぬことになっているが、客の好みで十二、三歳の、まだ月経のない子を水揚げするのもある。

あの子はエリカエやというので、桃割れが島田に変えられた。前の日に近所の店を廻って茶わんや箸など日常使用品を女中やババアに連れられて買いに出る。泣きべそをかいているのもありあわれであった。私は「文学」の方はあまり熱心でなかったので、そのときは知らなかったが、後に『たけくらべ』を読んで合点する。

よい子の水揚げには着類、ふとんなど一切の費用を客に出させるし、オヒロメなどの祝儀も負担するのでかなりの出費になるらしい。まあ熟年の男だからムリしないで、二、三日かけて破瓜するそうだが、ひどいのは苦しむのや出血の多いのを楽しむのもあって、ババアがあきれるのもある。なかには出血が少ないから処女でないともめるのもあり、大へんな世界であった。

そう疑われてもしょうのないところもあって、普通の娘や女のツキダシ、ハツミセでもほんとうの水揚げは女衒やオヤジがすませており、店でハツミセの紙を貼って売るのも四、五日は続ける。遊び馴れたのはわかっているから、ほんとうの水揚げがしたいときはそれだけ出費を負担して買った。これなら本物の水揚げができる。しかし店へ「初店」などと書き出しているのは、信用の限りであるまい。それでも「初店」らしくいろいろと細工するし、騙す手法も教えた。

これは芸妓も同じだが、よほどでなければ「初店」で何人にも売れないだろう。それだけ娼妓はあわれといえるが、十三、十四ぐらいで、十六として水揚げさせられるオチャコは、更にかわいそうである。どんな細工をするのかわからんが、表向きは十六なのだから、警察の監督もええかげんのものであった。

それよりも更に驚くのは、一年もしてあれが、あの子やぜえと教えられてびっくりする。もう女になっているというのでなく、まさに「女郎」になっているからだ。水揚げした男は一年ぐらいするとまた買いにくるそうで、やはりどんなに変わったかに興味があるらしい。そんな世界を見れば、ムラの夜這い民俗など、極めて健全であり、かつ健康であるというほかなかった。こんな世界を残しておいて、国民道徳だの、純潔教育だの、一夫一婦制だのといってみてもしょうがあるまい。あんまり笑わせないでくれよといいたくなる。

「うちの嬶とつきあったれ」

歳末大売り出し、とくにその前の「誓文払い」はいま殆んどなくなってしまったが、戦前は田舎の小都市でも賑やかにやったもので、大阪の心斎ばし筋など三日ほど歩けなかった。それが終わると歳末大売り出しで、一週間ばかりクタクタになって正月五カ日を休業、次は初春大売り出しとなり、三月末の春の大売り出しまで一休みする。その間に慰労の一泊旅行となり、今年は三日市温泉へ行くことになった。

八の日定休で月三回休みだが、休日の前になると近所のお客さんや市場の嬶どもが、活動見に行かんかと誘ってくれる。活動が終わると、近所のうどんやで親子丼ぐらいおごってくれてさようならになった。そのうちどこの嬶は、あしこのボンサンが好きらしいとか、あのオヤジはどこの店の女の子を連れていたなどと、いろいろの情報が流れ、どうもほんとうらしいという。田舎の情報は殆んど確実で、噂になったときはもう完了している。さすがにマチはのんびりしていると思ったが、事実としては早いのも遅いのもあって多様性があった。

「おいボンサン、お前うちの嬶嫌いか」「なんですねん」「嫌いやなかったら話があるいうとるぞ」というので嫌いでもない佃煮屋の嬶に聞きに行くと、「いや今度の休みに千日前の活動へ行かへんかと思うたんや」「いや行きまっせ」。映画がすむと晩めしを食って、少し休んで帰ろうかと電車道を渡って東へ抜けるとシモタヤ風の二階家がならび、うちの一家へ入った。フロの、料理のとぜいたくをいわねば、大阪にはこうした安直な休泊所があちらこちらにあったので貧乏人には助かる。翌日オヤジに「すんまへんでした」と礼をいうと、「嬶も喜んどったぞ」といってくれた。

月に一回ぐらい誘い合って遊んでいると、隣の丁稚が、「おい、乾物屋のオバハンが怒っとるぞ、私の方が先に声かけとるのに佃煮屋と遊んでばっかりや、いうとる」。佃煮屋の嬶にいうと、「ほんならうちが聞いてみたる」といった。「あんたあの人きらいやなかったら、今度の休みに信貴山へ詣りたいというとったよ」。

当日、上六の大軌(近鉄・奈良線)へ行くと、満艦飾で待っていてくれる。参詣がすむと付近の料理旅館へ入り、フロへ入って、ゆっくりと食べ、ゆっくりとねることになった。翌日佃煮屋が「どないやった」「うん、よかった、そやけど、あんたとも遊びたい」「アホ」と手を叩かれたが遊んでくれる。

私の他にも遊んでいる男があるだろうがそんなことは当人の自由であって、私のいうべきことではない。

いよいよ三日市温泉へ行くというので男と女の組合せをしたら、魚屋の嬶と当たった。乾物屋かせめて佃煮屋と思っていたら、あんまり好きでない魚屋なのでうんざりする。一日のお勤めというのでサービスすると、「あんた、うち嫌いやろ、わかっとってもしょうがないなあ」と慰めてくれた。しかし接触してみると肉太だが具合もええし魚臭いのが難であるが、これはしょうがない。正直に思ったより具合がよいとかわいがると、「うちもあんたが好きやねん」と喜んでくれた。

魚屋は店じまいが早い。今のような電気冷凍ができないから、だいたい四時すぎぐらいに商売を終わるようにした。溜まってくるとしんぼうできんと魚屋をのぞきに行くと、裏の倉庫へ連れ込んで気ままにさせてくれる。「うちも大将も黒いやろ。あんたの子やったら少しは白い子ができるやろ、大将もいうねん。用があったらいつでもきたって」といってくれた。大将は三時頃から居なくなるが、朝が早くて午前三時ぐらいには起きて買い出しに行く。

だいたいは夫婦や兄弟、姉妹などを含めた家族経営であって、丁稚や女中を雇うのはまずすくない。そこで丁稚や女店員などの筆下し、水揚げが課題になる。田舎でも賢い若衆は、まず娘へ手出ししない。これもムラによっていろいろと習慣が違い、娘や女中、子守でないと夜這いできないところもある。ただ、こうしたムラでは妊娠しても責任をとらさせられることはない。しかしムラの女なら解放しているところでは、娘へ特定されるような通いをしていると、妊娠の責任をとらされた。嬶や後家なら、オヤジのコドモか、責任能力のある男へ廻す。

この原則はマチの情事でも全く同じである。嬶の生んだコドモならたとえタネ違いであろうと、育てるのはオヤジの責任であった。ならばこそお互いに安心して他人の嬶と遊べるわけだが、自分の嬶の産んだ子供については、タネがどうあろうと自分の責任になるのはやむをえない。ただ若い衆は自由に遊べるかわりに、娘に対しては責任をとらさせることもある。同じ遊ぶのなら気がね心配のいらぬ嬶や後家の方がよいのは、当然の知恵だろう。しかし世の中そううまいことばかりにならぬので、いろいろの悲喜劇が起こる。

オヤジは水揚げをしたがり、婢も筆下しを喜ぶ。近所のマチには若衆も娘も居るが、そこまでは手が出せない。市場のなかに働きにきた丁稚小僧や女中、手伝いなど、後には女店員といったが、初期の頃は女中とか手伝いとかよんでいたのが、まあ「筆下し」や「水揚げ」の対象となる。

「ウメちゃんのボボいつわれた」

近所の店に「ウメちゃん」とよんでいたかわいい桃割れの娘がおり、私より一つ上だが、もう姉さんぶっていろいろと口出ししてくるので、他店の連中がもう口開きすんでいるのだろうと、いろいろと歌にしてからかってくれる。

いまは廉売市場のウリゴエ、ヨビゴエなども、あまり喧しくいわぬが、昔は賑やかにやった。場末の市場ほどワイセツな文句を考え出し、同じ市場の店員はもとより、お客さんまで題材にする。

八百屋の丁稚がナンキンや大根を店台の上へならべるとき、放り上げるのと、受ける方とに分かれて作業するが、放り上げるとき「ウメちゃんのボボ」「一つわれた」、受ける方は「いつわれた」「よんべわれた」とやり、「ウメちゃんのボボ」「二つわれた」とつづくことになった。

これで店員仲間からお客さんにまでわかってしまう。つまり「ウメちゃんのボボ、いつわれた、一つわれた」(で放り上げる)、(受けて)「よんべわれた」になる。ほんとはまだわれていなかったのだが、ウメちゃんが泣き出して大騒ぎになった。こんな噂が出るともうどうしょうもないから、そんなら事実《ホンマ》にしてもええやないのと、水揚げさしてくれる。私も、水揚げしたのは初めてであった。

お客さんが竹輪をさわってみていると、「サアきて買いや、そこの奥さん、よんべにぎった、マラの味思い出したんかいな、ソラ買いなはれ、買いなはれ」とやる。真っ赤になる奥さんもあるが、気の強い女は「うちのオヤジのもんは、もっと太うて、長いよ」とやりかえした。「サア買いなはれ、買いなはれ。よんべみたみた佃煮やのカカが、果物やの丁稚《ボンサン》かかえて、ええか、ええか、うまい汁出した。サア買《コ》うてんか」。佃煮屋の嬶との情事は、これで天下御免となる。

今日は魚屋のサバが安いとか、乾物屋がノリの安売りをしているとか宣伝するわけだが、それだけでは聞き流しになるから、こうしたゲテモノの情報も入れると、お客さんも面白いから、次はなにを流すかと聞き耳をたてた。

ヨビウリは情事のニュース報道

　こうした「呼び売り」声というのは、声のええ、よく通って機智のある若い衆が交替で出演する。なにをいわれても文句は出さぬ約束であるから、いやなものは自分の耳を塞いでおくほかなかったが、だいたいは正確に情報をつかんでいた。これが面白いとお客さんもいろいろと情報を提供してくれる。こうした風景はいま殆んどなくなって、ただ売り声だけをスピーカーで流しているので、聞いても面白くない。昔の「呼び売り」には独特のフシがあり、文句もいいやすいように短く切って、つなぐのが多かった。即席でやるのだから歌みたいにはならないが、一定のリズムがついてその後も使われるのがある。「ウメちゃんのボボ」などシヅちゃんでも、ヨッチャンでもよいわけで、かなり後まで使っていた。八百屋だけでなく二人で数をかぞえるときにやる。

　店員の仲間や店主の婦たちだけでなく、店員や御用聞きとお客さんの娘、女中、奥さんとの情事もすっぱ抜いて流した。お客さんとの情事は、怒って抗議にくるのやら、不買同盟を作ると脅すのもあり、まあお客さんの性格や家庭状況も考えて、できるだけ避けるのだが、お客さんのものも流さぬと面白がってくれないし、そうやっているうちにネタ切れになり、ついつい、しまったと思いながら流すのもあって、なかなか難しい。

慰安旅行で「水揚げ」「筆下し」

春の大売り出しが賑やかに終わると初夏の風がさわやかに吹いてきた。春の大売り出しの慰労をかねて一泊旅行の計画が立てられ、その頃できたばかりの紀泉国境の温泉へ行くことになる。当時の市場は休むといってもせいぜい日帰りで一泊二日連休は難しい。しかし定休日の翌一日ぐらいは、家族をさしくったり、知り合いを頼んでおけばなんとかなる。年二回か三回ぐらいの楽しみだから、そのくらいの苦労はした。

ただ一泊ということになると、夫婦連れを楽しむわけでないから、どんな組合せにするかが難しい。大きい温泉街なら要らぬ心配をしなくても、いくらでも楽しく遊べる。田舎の淋しい温泉となると、自分たちで考えるほかあるまい。どうせ生まれ在所では「夜這い」を楽しんだ連中だから、市場の内で働いている仲間たちだけで楽しんでもよかろう、ということになった。その土地の出身でないとわからないような、山の中の温泉をうまい具合に選んでいる。そこでこの春の一泊には「水揚げ」「筆下し」をしてやろうではないか、という楽しい計画になった。

女中やお手伝いは数名、丁稚小僧は十名ぐらい、これを水揚げ、筆下しするにはどうするか。いろいろと苦心したらしいが、若いのと老年には遠慮してもらって、一応の男と女とを選出し、くじびきで組を決めることになった。女の方はかなり不足だがなんとか決め、あまった分は嬶や後家などに組ませる。丁稚小僧の分は熟年の嬶たちでほぼ満杯になるが、これもくじで相手を決めさせた。男の方の不足分は芸妓、仲居などで埋め合わせたらしい。

佃煮屋や魚屋の嬶たちが、「あんたも今晩は『筆下し』やでえ」と笑い出した。「じょう談いうな」と怒ったら、「いや人が足らんので十七、八までのボンサンは、みんな『筆下し』になるんや」ということである。きまった男や女が消えて行き、丁稚や女とが後に残ってくじを引き合い組を結んだ。佃煮屋も、魚屋も他の小僧と消えて行き、四、五人残って心細くなっていると、小間物屋のオバハンが「うちみたいな年寄りで悪いなあ」と気の毒そうに当たり札を見せる。「いや、そんなことおまへん、おたのみします」と連れになった。「うち三十九で、今年は厄《ヤク》やねん、あんたには悪いけんど、これで厄落しさせてもらう」ということになる。「いや『厄落し』などさせてやらん、これから一生『厄』になって憑いてやる」と脅してやった。

まともな商店街に本店があり、いつもは丁稚や女店員に店番させているのだが、たまには主人も出て欲しいといわれてきてみたら、とんでもない「厄」にひっかかったのである。二年前に主人が亡くなり、娘に養子しているが、まだ馴れんので後見しているということで、こんなことになるのなら丁稚をよこしたのにといってみたり、娘夫婦をこさせなくてよかったと安心してみせたりしていた。さすがに上品で衣類、装身具なども、佃煮屋、魚屋とは段違いであるし、乾物屋もはるかに及ばない。その方面では全くの素人が見ても、すぐわかるほどの違いがあった。

「筆下し」のアフターサービス

ネコをかぶって「筆下し」させたが、わからなかったほど経験がなく、その後は「筆下し」させたのだから責任をとってくれと、好きになると呼び出して遊ばせる。そこらのおかしげな宿屋でなく、住吉公園の待合いへ連れて行ってくれた。だんだん馴れてくると、お互いにわかるから、商売するのならもっと良い店で勤めてみたらとか、学校へ行くのなら面倒を見るとすすめてくれたが、なかなかいうことを聞かぬから怒ったり、泣いたり、もう別れると悔んだりしても、誘うとすぐ会いにくる。どうも私は女の人と知り合いになると十年、二十年と続くことが多い。ほんまに「厄落し」にならず、「厄拾い」になったといっていた。

私の方はもともと真正の「筆下し」でないから、あんまり気にもしなかったが、それでも真正の「筆下し」が多かったとみえ、そうした若衆たちが騒ぎ出したのである。ええこと教えてくれたのはええが、アフターサービスをどうしてくれる、と幹事たちへねじ込んだ。わしらかて品物を売ったからには、後あとまで責任とるやないか、とやられてオヤジども頭をかかえる。正直いうと私のように「真正」でない奴が、おとなしい「真正」を煽動した気配が多い。丁稚や女中を使っていない店も多いから、いろいろと煽動するのもいる。田舎のムラなら「夜這い」で問題にもならないが、市場は商売だけで、居宅は別に散在しており、「夜這い」に行くわけにもいかない。そこで協議の結果、月に二、三回は公費で遊廓その他で遊ばせる、丁稚小僧級の給与を、月額五円、値上げするということで、一応の妥結をした。

これで喜んだのはオヤジや番頭で、いままではかくれ遊びしていたのが、公然と遊べるようになって威張っておれる。弱ったのは嬶どもで、オヤジが自分のへそくりで遊んでいたときより格段に経費が多くなって遂に音《ネ》をあげた。嬶どものなかには、妾が相手をするからというのもあったが、こうなるとなかなか難しい。

私が佃煮屋、乾物屋、魚屋の嬶たちと遊んでいるように非公然であると、わかっていても知らぬ顔で居られるが、公然と密通、姦通を承認ということになると、ものわかりの悪くないオヤジどもも閉口する。まあ女にもいろいろの型があって「筆下し」で違う男の味を覚えた嬶どものなかには、「わたしらは他所の男とかくれて遊ぶような、盗人猫のマネはしない。ちゃんとオヤジに承知させて遊ぶ」といい出すのもあって、盗人猫と嘲られた嬶どもが怒り出し、ワア、ワア、キャッ、キャッの大騒ぎになった。

佃煮屋の嬶は「根性のない女がなにをいうか。うちは好きな男ができたらオヤジにいうて、迎えに行かしているわ」と怒る。乾物屋の嬶は「私にはあの真似はできん。いくら主人がええいうても、あんた一人で精一ぱいや」と嘆く。「あんた茶屋のオバハンきらいか」「きらいやないけど、なんや」「一ぺんだいて欲しい、いうとったよ」と、純情なものもある。

田舎のムラも、場末の零細商店街、廉売市場など底層の社会、世間の性生活は同じようなもので、そうした世界で浮沈する女の型も殆んど同じで、そんなに変わったものはいない。いろいろと勉強になったが、当時の生活環境からいうと、丁稚小僧の「筆下し」などそんなに苦労してやることはないのである。一年もたたぬうちに、同じ市場や商店街の嬶や姉やんたちが「筆下し」してやった。すこしかわいげのある子どもなら、買物にくるお客さんも放っておかない、なんとかかんとか誘い出して、「筆下し」を楽しんでいる。

一年ぐらい勤めたが、小遣い五円、積立五円ではどうにも安いといっていると、魚屋の嬶が、すこし魚臭いがええかというので、T市場の四十物屋、アイモノ屋、ていさいよくいうと海産物屋に世話してくれる。

7　マチの夜這い習俗

アイモノヤの御用聞き

大阪西北隅にあったK市場からいうと、T市場は当時の大阪の東端で、心斎ばしを通って上本町丘陵を越え、東へ下った麓に市電の終点があり、ここへ着くと屋根上のポールを地上で引っぱって西へ向け替えていた。いまから思うとほんまにのんきな、かわいらしいチンチン電車である。上り、下りのきつい坂であるから、ブレーキをかけるときにはブルン、ブルンと大回転させ、そばに居るのが怖いほどであった。その終点から城東線玉造駅の周辺一帯が古い街道の宿あとで、大正終り頃からスラム街に近いような騒がしい零細商店街が発達し、また一画に廉売市場ができたのである。初めは四十画ぐらいの市場であったが、だんだんと周辺に似たような店が増え、かなり大きい乱雑な市場街へ発展した。

西のK市場も人気の荒い土地であったが、T市場にくらべるとまだまだおとなしいといってよい。そうした市場のアイモノ屋、つまり塩干物や海産物の売店で、主人と丁稚二人で経営、私は小遣い十円、積立五円で、まあよい方であった。近所に酌婦、仲居の居るのみ屋やヂゴクも多いし、少し東に今里新地もできたが、月十円では遊べない。まあ遊びたくなればK市場の女のところへ行けばよいので、あまり苦にしなかったが、三カ月、四カ月ぐらいになると市場の店の嬶、娘、お客さんとだんだん親しくなってきた。

玉造の北が森之宮、南が鶴橋、東へのびると足代で、ここまでどうにか家も続いていたが、それから先は河内平野で、ポツン、ポツンとあっちこっちにムラが見えるという田園風景であり、森の宮、鶴橋周辺にも零細住居群が現われ始めていたが、まだ田園地帯といってよく、朝鮮の人たちの住居群も、まだ極めて初期であったと思う。そうした情況であったから、周辺のマチとも、ムラともいえない地域からお客さんが寄ってくるので、かなりよく繁盛した。

店は二階建てで、階下の三分の二が店、奥が台所、二階二間というのに主人夫婦、娘、丁稚二人で経営する。仕入れは主として天満市場で、主人と先輩が行き、私も手伝ったが、新米で店売りと御用聞きに廻された。

御用聞きの仲間のオキテ

いまのマチの商店街、廉売市場などの生態を見ていてその違いが最も大きく、かつ顕著なのは、いわゆる「御用聞き」の活動であろう。

戦前、小商店街や零細市場などの丁稚小僧になると、翌日ぐらいにオヤジが、「今度来たボンサンです、どうぞよろしく」と近所のお得意を連れて廻った。次の日から朝、店の用事がすむと、得意先廻りをさせられる。ヒルまでに注文をとっておいて、夕食までにとどけるのが一応のコースであった。

これが御用聞きで、次に私が勤めたのは塩干屋、乾物屋で、海産物はくされがくるのでお客の苦情が多く閉口した。しかし市場へ来たお客の買い物をとどけに行くと、同じように廻っている御用聞きの一団にとりかこまれて、ツルシあげられた。よその店のお得意をとったというわけだが、「頼まれてとどけただけ」といってもなかなか承知しない。「田舎から出てきたところでなんにもわからんので堪忍してくれ、どないしたらええのんや」と謝ったら、市場へ来たお客でも、自分の店の常得意でなければ、日頃から通っている店で買ってくれと断われ、ということになる。「お前は生意気だぞ、先輩にあいさつもせん」などといろいろと叱られ、御用聞きにも縄張りや仁義があるのがわかった。

わかってみれば当たり前のことでムラの若衆も同じである。私も組に入れて欲しい、「これは酒代や」と「一円」出してみると、「会費に預かっておく、わからんことはこの子に聞け」と教えてくれた。こうしたウラの組織があって、小商店街や廉売市場の過当競争も幾分か防止されていたわけで、いまよく新聞ダネになっている土建屋の談合入札を読むと、いつの時代でもどんな業種でもやることは同じだと吹き出す。自由競争などとカッコのええことといってみても、それでは休む暇もなく走らせられる身になってみれば、たまったものであるまい。

御用聞きのヤミ組織へ加入してみると、御用聞きの実態もよくわかるが、それ以上にわかったのはお客さま、購買客のヤミの実態であった。御用聞きが集まるとお客の情報の交換になる。あの家はよく値切るが、支払いは必ず決済するし、相手の店をよほどでないと変えたりしない。あの客はホイホイとよく買うが、月末には三分の二ぐらいより支払ってくれない、などといろいろの貴重な情報が入る。ところがいわば「正規」の情報だけでなく、旦那の勤め先、月収、家族構成、家族や子供の生活情況、夫婦生活の情報、夫婦喧嘩のネタ、旦那の遊び、遊廓やカフェーで遊んでいるか、妾や愛人があるか、お袋、娘、女中、コドモ、居候たちの情況などなど極秘のものまでわかった。

御用聞きには日常用品、とくに食料品関係が多く、八百屋、魚屋、海産物屋、酒屋、米屋、燃料屋などを主として、ときには呉服屋、洗濯屋、雑貨屋なども廻っている。八百屋、魚屋、海産物屋、酒屋などは、毎日定時に廻る家が多い。他の業種も加わるほど、情報が役に立った。「おい、今月はお前んとこの払い悪いぞ」「なんや」「俺んとこの払いが多い」と呉服屋がいえば、まず間違いない。「あの家の払い、どないや」「向こうは堅いぜ延ばしたことない」「そんなら貸せるなあ」と呉服屋が相当、高価な反物でも後払いにしてくれる。その代わり御用聞きの査定が悪いと、だんだん他の御用聞きも寄らないようになるだろう。だがこれはオモテだけの話である。底層の社会、下流の世界には、またそれなりのウラがあった。

使いこみも日常茶飯

御用聞きは、良好な性格ばかりともいえない。あの家は確実に月末決済にしてくれていたのに、この頃延びが多くなっているなあ、と疑っていると御用聞きがドロン。あっち、こっちの支払い金を使いこんでいたのが判明というのは珍しいほどの事件でない。正直にいえば最もよくある事件だ。オヤジの方もいろいろと防止の苦労しているが、家族経営であるとそれだけ正確な経理も、記帳もムリであろう。いまのようにレジはなしオヤジの丼《ドンブリ》勘定だから、ごまかす気になればいくらでもやれる。

御用聞きや丁稚小僧の同年生が集まると、どうしたらわからんようにゴマかせるか、その実践、体験談の伝授になった。待遇は悪いし給与は低いし、遊びたくなればその費用の捻出はなかなか難しい。そうなると最も細工のしやすいのは、御用聞きの会計である。まあいろいろとあるもんじゃが、丁稚小僧の使い込みぐらい知れたものだ。しかし丁稚小僧の「御用聞き」を喜ばせ、忘れ難い思い出を残させるものもある。すべての御用聞きを喜ばせ楽しませるわけにいかないが、それだけの能力と才腕があれば楽しめた。これもムラの夜這いと同じで、いくら解放されていても当人にそれだけの気力も、才腕もなければどうしようもあるまい。

底層の社会、下流の世界には、ムラの共同体社会と連帯する性の民俗が残されている。そうした底辺の人たち、とくに女性たちの楽しみになにがあったか。活動（映画）は場末で二十五銭、三十銭、まあ月に一回行ければよい方である。ラジオはまだ買えるほど安くなし、百貨店へは見物にも行けなかった。

百貨店のはしり

当時、百貨店といえば心斎ばし筋に集中、大丸、十合、高島屋があったが、この頃は下足制で入口で下駄を渡して札をもらい、帰りには地下で下駄をもらって帰る。場末の長屋の嬶や小商店街の女たちには、これが大へんな障害になっていた。もとより職工や職人も同じことで、ちびた汚い下駄や草履が出せるか、というわけで、一ぺん百貨店へ行ってみたいというのを生涯の思いにしていた女人も多かったのである。百貨店へ行くのは年に一度か二度もない晴れの行事で、長屋の連中をよび集め、買い物を披露、お土産に十銭ぐらいのせんべいや菓子を百貨店の定紋入りの小袋に入ったのから取り出してわけてやるという、それが大へんな誇りであったのだ。

そうした庶民のつましい姿を実見しておれば、かれや彼女たちの性民俗の健康さもわかる。金にまかせて待合、遊里やカフェーで女たちと好きに遊ぶのとは全く次元が違う。ムラの村落共同体を伝承し維持するために、ムラには「夜這い」その他の自由な性民俗があったように、都市の場末やスラム街にはまた自らの共同体を維持するための、自由な性民俗が行われていたのである。これを理解しないとブルジョア道徳、倫理にいう、風俗壊乱、淫風陋習の観念より出てこないだろう。待合で芸妓、遊里で太夫たちと遊ぶのは上品で、場末の安宿や野天で遊ぶのは法に触れる、などとはどんな頭の考えか、まことに不審というほかあるまい。

ところで百貨店の下足制も、昭和に入ってデパートメントストアと改称する頃から廃止され「土足制」に変化、自由に入れるようになって、全女店員も変わった。大丸が東京から講師をよんで、全女店員に「東京弁」を強制、「あらっ、そうなの」「いやだわ」などが流行、「いらっしゃいませ」が貧乏人には「去《イ》なっしゃいませ」に聞こえ、もう大丸へは行ってやらんという騒ぎになる。大丸というのは京都が本店だが、妙に大阪の町人どもにしたわれ、昭和の初め頃まで「大丸」と呼びつけにするのは場末の嬶や娘たちにもおらず、みんな「大丸さん」と敬称をつけた。いかな三越もこれにはかなわず、他の十合、髙島屋、白木屋、松坂屋などはどうしようもない。まあそういうのんびりした時代もあった。

大丸には「大塩の乱」に、平八郎が「これ『義商』なり」と焼打ちしなかったという伝説がある。私は、それを信用するほど正直でない。「大丸」がさんづけにして崇仰されたのは、その「聖」性のためだろう。つまるところは大丸の商品に、ノロイ、タタリがあったのであり、大丸の先祖は京都の呪術師であったと思われる。いわば近世のヤシの源流であった。赤松啓介も、このくらいの推理はしてみせるが、いまは性民俗の高慢ちきな論理的仮説をデッチあげ、その精巧な構造を誇ってみてもつまらない。それよりも一つでもわれわれ底辺の貧乏人、下層の生活者が、かつてどのような世界で生きていたのか、その資料をいかにして残しておくことができるかを考えているのであった。

場末にある自由な性生活

場末の小商店街や廉売市場の性生活が極めて自由に富んでいたことは、すでに書いた通りである。小商店街あるいは廉売市場の内部の性生活のみが、自由であったなどということはありえない。小商店街も廉売市場も付近に広い購買地域、顧客層を開拓しないでは存続できないだろう。もしかれらの購買地域、その顧客層が性生活の公式的な倫理観を支持するものであるならば、それに従わざるをえまい。ウラはともかくとして、オモテでは聖人君子であるよりしょうがなかろう。小商店街や廉売市場の性生活が自由であるためには、その購買地域、顧客層もまた性生活の自由を民俗としていることが必要である。難しくいえばそういうことになるが、場末の小商店街、廉売市場では、商店の経営者、使用人も、お客さんたちもひっくるめて、その性生活はかなり自由な慣習を育てていたということだ。

さきにも書いたように、場末の小商店や周辺の四軒長屋を主とする住居群の女たちにとって、心斎ばしの百貨店で買い物をするなど、年に一、二回と稀なことである。そうした生活のなかで、どうしても彼女たちが毎日のように通わねばならないのがこの廉売市場であった。食料品の買い溜めができるようになったのは、戦後の安価で効率のよい冷凍・冷蔵庫が普及してからで、昔は普通の家で冷蔵庫などない。したがって生鮮な食料品は、毎日買い出しに行くほかなかった。

その買い出しに行くのは女、とくに嬶が多いことは当然だろう。彼女たちが毎日のように買い出しに行っていると、しばらくすれば魚はあの店、野菜はこの店というように自ずから得意先がしぼられてくる。妙によほどのことがないと二軒あれば、殆んど同じくらいの客数がつく。面白いのはあの店は値が安い、品が新しい、サービスがよいなどというが、要するに店の人たちとの人間的な好みによることが多い。それも店主とかカミサンでなく、丁稚・手代級の若い店員に惹かれる。店主とかカミサンではあんまり値切りもできんし、冗談もいえんが、若い丁稚・手代では「あっちの店の方が安いぜえ」とか、「これ古いのんちがうか」などと好き勝手がいえるのだ。丁稚をやっていると、毎日のことだからすぐわかる。オヤジがいると横目でにらんで通り、丁稚一人になるとすぐ寄ってきた。オヤジがいなくなるのを遠くから見ながら待っているので、こんなお客さんには人情としても特別サービスをしたくなる。同業種の店なら仕入れは殆んど同じ天満市場だから、そんなに品質も値段も変わるものでない。しかし同じ一合、二合半《コナカラ》といっても、つめ方盛り方でかなりの違いが出る。お客さんの方も、それはわかるから、常得意になるのだ。そのうち双方とも若いのだから、だんだんととんでもない冗談をいってからかったり、口喧嘩もするようになると、いつのまにか姉弟みたいな気持ちになる。

お客との情事の裏表

「これうち作ったんやけど食べるか」、などと柏餅やボタ餅をもってきてくれるようになると、もう危い。「あんた昨日どないしとったん」「昨日？　居りましたぜえ」「いや四時頃きたらおらんかったよ」「あっすんまへん、配達に出てましてん」「うち、あんた居らんへんさかい、どこでも買わんと帰ったんえ」。これはもう愛の告白だ。早くどうにかしてちょうだい、うずうずしているやないの、と待っている。ただこれからの詰めが難しい。早く飛びつくと、「あのボンサンに誘われたんや」と責任をかぶせられる。どうせ女房にする気はなし、当座の遊びなら先方から誘わせるのがよい。「好きやけどまだどないしたらええのかわかりまへんねん」とせいぜい猫かぶりしてみせると、「しょうのない子や」というので誘いかけてくる。「あんた、もうええひとあるねやろ」「そんなもんできまへん」「休み、どないしとんのん」「活動見るかねてまんねん」。阪東妻三郎や嵐寛寿郎がどうのこうのと話し合っているうち、「ほな今度の休みに千日前へ行こうか」と誘ってくれる。道頓堀や新世界でないところが、向こうも苦労しているんだ。場末のマチの恋物語の舞台装置は、このへんに苦心がある、後はもう既定のコースで双方が満足すれば、「また誘ってもええか」ということになった。

　女ができると妙に続いて寄ってくる。三十代後半、四十代の熟年女性になってくると、振られてもともと、うまくいけば若いのを楽しめるというのが多い。これは男も同じだが、当時は若かったからその実感はなかった。

　ともかく彼女たちの誘い方は若い嬶と違って、あまり客の込まぬ時間に出てきて、できるだけ高い上物を買って処理に手を加えさせる。四十物屋でいうと紅鮭を買わないで荒巻を一本買ってオロさせた。いわゆる三枚にオロして切身にすると三十分はかかる。他の客が来たりすると一時間ぐらいかかった。その間にいろいろと話をして機会をつかむわけだが、うまいのは「お客さんで忙しいやろ、ヒマになったらウチへ持ってきて切身にしてくれたらええ」と誘う。常得意のことであるし、嫌いな女人《ヒト》でもないし、と荒巻を下げて行くと、まあ座敷へ上ってお茶でものんでからとすすめられて上ると、これがワナでついでにオバハンの腹の上へも上ることになる。自分の方から手を出したようになって後悔するが、よく考えてみるとひっかけられたのだ。主人も子供も居ないときをねらうから、せいぜい月に一、二回だが長く続く。

他の若い女や市場の嬶たちとの情事にも、あまり口出しせず、若いときはせいぜい遊んだらええとわかっている。近所のマチの情報に詳しいし、市場内部のことでも客との情事でもよく知っていた。お客の方はまたいろいろの情報をとっているわけで、「あんたはなかなか評判がええねんよ」と教えてくれる。K市場、T市場など、ほんまに場末の市場になるとお客さんも直接的に攻撃してきた。

女頭目のお乳をのむ

暑くなって半ズボン、半袖シャツになると、腕をひっつけてくるのは珍しくない、ひどいのは腕をつかんでなめにくる。「いやっ」と飛びのくと、「なんやコドモみたいに」と怒った。「オバハンかてしてみたろか」「サアなんぼでもしたらええ」。しょうがないのでふところへ手を入れてお乳をにぎると、逃げもしないでさわらせているので、ええかげんにしてやめた。

しばらくすると、あのボンサンがお乳をのんだと評判になる。「俺お乳なんかのまんぞ」

といっていると、豆腐屋のオバハンが出てきて「明日うちの家へこんか。オバハンと仲直りしんかいな」とすすめた。「仲直りするほど喧嘩もしとらんぜえ」「まあお客さんのことやから話だけでも聞いてウソでもええさけん、すんまへん、いうといたらええねん」と誘う。それではと休みの半日をつぶす気で訪ねて行くと、二人で待っていた。しばらく雑談、豆腐屋がちょっと御免と出て行くと、オバハンが「あんたほんまにお乳のんでみんか」と胸をひろげておしつけてくる。「いや、もうええ」と逃げかけるとだきついてマタへ手を入れてきた。「こっちへおいで」とフスマを開けると用意がしてある。丁稚ぐらいがいくらジタバタしても、相手は海千山千だからどうしようもない。この近所でも有名な女頭目でとても勝てる相手でないが、痛いとネをあげるまでお乳を吸ってやった。

なかなか気性のきつい女だが、それだけにええところもあるのでよく遊んでくれる。お客さんが少ないと店の奥へ連れ込んで、マタへ手を入れて遊んだ。「あんた、女親分に叱られてばっかり居るのやろ」とからかう客の前で、ふところへ手をさし込んでお乳をいじくってみせると、もういわなくなる。

私も五十近くなって二十前後の娘の手や腕に触れてみて、そのツルツルの表皮《ハダ》にびっくりした。十五、六から二十前後の頃まで、嬶やオバハンたちが裸の腕をさわりにきたりなめにきたわけがわかる。田舎の夜這いや雑魚寝になると裸にしてハダ合せをしたがり汗をかかせられたが、マチの嬶やオバハンたちも同じであった。

田舎の夜這い雑魚寝も、マチの野遊び、山遊びや留守遊び、つれ遊びも同じだが、若衆や丁稚なら誰でも誘い合うということはない。やはり好かれる者もおるし、相手にされないのもおる。ムラやマチの娘や嬶たちにしても、男から見て嫌いなのもいるし、そばへこられるだけで逃げ出したいのもあるのが当然だろう。

そこでムラでもマチでもある機会には個人的な好悪を別にして、クジその他の抽選で組み合わせる方法も多い。この場合には神仏のお引合せというので、絶対に改変できないのもあるし、条件によっては組替えできるのもある。

クジ相手にボボの大掃除

マチでは戦前だいたい年に三回ぐらい大掃除の日があった。五月の清潔大掃除で、これは町内が一斉に畳をあげ床の下まで清掃、衛生の検査を受けるという厳しいものであったが、戦後はなくなっている。次は盆前の大掃除で、商店街、廉売市場などが各自でやるのが多い。末は歳末の大掃除で、これも商店街、廉売市場などが歳末大売り出しの前ぐらいにやるのが多く、個人商店では二十日、二十三日など伝統の日を選んだ。

これらの大掃除がすむと商店街、市場などでは慰労というので終わった後、付近の料理旅館などで一ぱいのむことになっている。大商店では独自に使用人などが集まってするのが多い。いずれにしてもだいたい男女の数を揃えてクジにする。

これもいろいろの方法を考え出しており、なかなか幹事は苦労していた。かんたんなのは男か女の名を書いておき、いろいろと複雑な線を引いておいて折り、線の上へ相手が名を書く。線をたどって組合せがきまる毎に喜んだり、失望したりということになる。また男と女の札を組んでおいて、中央に座ぶとんを置いてかくし、男女に一斉にとらせ、座ぶとんを取ってこんがらかせてある紐をほぐして組を決めさせた。これはこんがらがっているほど面白いが、札には文字や番号が書いてあるから間違うことはない。しかし同文、同数で当たるのでなく結んだ紐で決められた。簡単なのは女の掌に数字を書いたり、合札をもたせ、袋の中へ手を入れて男に相手の札を出させる。皆が出したところで双方が札を合せて、初めて組合せがわかった。「よかった」と思ったり、「いやや」と思ってももうしょうがない。

これはムラや宗教団体のザコネ、オコモリなどでもよく似た方法で組合せをきめている。マチの場合は、後は二人にまかせるというタテマエが多い。しかし、「いや、なんにもせんと帰ったよ」といっても信用するのはなかろう。女のマタのなかも大掃除せんことにはと、俗にボボの大掃除というわけで、この日は大掃除してもらわんことには清掃が終わらんのだから、女の好き嫌いで断わられないのである。

同じことは男の方にもいえるので、「このババアめ」と思ってもしょうがない。私はどんな女性でも、故郷の民俗、伝説や夜這い、ザコネなどの話を聞くので、民謡を聞かせてくれたり、昔ばなしなどを教えてくれたり、盆、祭り、正月などにはムラへ誘ってもらった。たいていどこかにええとこはあるもので、「思ったより若くてええ」などとほめると、「気に入ってくれたの」と、後でも遊んでくれる。

遊廓、私娼街、カフェーなどへ誘われることも多いし、遊んでもみたが、だいたいは好きになれなかった。やはり「夜這い」の伝統で、ムラやマチの生活をしている女性の方がよい。

信貴山詣りでのザコネ

春、秋の慰労には信貴山が多く、毎月の縁日に詣る信者たちで講を組んでいるが、昔からの古い信仰らしく道明寺詣りが盛んで、ついでに西国札所、葛井寺に詣るのがコースである。信貴山へ詣ると付近の旅館で一泊するが、広間でザコネした。初めてでどうするのかわからずに迷っていると、近所の天ぷら屋の嬶がこっちへおいでと誘ってくれる。組を作ってねるわけでもなく、好きな者を誘ってねるのであった。田舎のお堂のオコモリと同じで、みんなが性交するわけではない。ここもオコモリであるから、気の合ったものが組んでねるだけである。後で聞くと平素から気の合ったのは、他の旅館へ泊るそうだ。まあ、古い市場だから、まだムラの習俗が残っているらしい。しかし誰と誰とがねたとすぐ評判にしたが、それだけである。そのうちにだんだんと、ムラの夜這いと同じようなことをやっているのがわかった。

ここの市場はだいたいバクチの好きなオヤジが多く、サツに目をつけられないよう移動してやっている。ときどきやられてブタ箱へ放り込まれると数日、十数日ぐらいでもらい下げてもらっていた。こらしめに放り込んでおくぐらいのことですませたらしい。こうしてオヤジが留守をすると、店員や近所のオヤジが嬶や娘、女中などへ夜這いに通った。

丁稚の兄貴分というのはどこでも新入にいばるもので、これは軍隊や若い衆と同じである。私の兄分が娘に通っているのはすぐわかったがオヤジが留守になると、「お前、オカミサンとこへ行ったれ」と指図した。「いや、俺、娘の方がええ」というと怒っていたが、後でオカミサンも、「うち、そなえきらいか」とにらんだが、天ぷら屋の嬶の方へ夜這いに行く。嬶にいうと、「うちがあんばいいうたる」ということであったが、「どうせ四、五日帰らんからそのうち一日ぐらいねたりんか」とすすめた。「俺、一ぺん呉服屋のヨメハンとねたい」と頼むと、「むこうの主人はバクチやらんであかんよ」といったが、「月に一、二へんは京都へ行くから、そのときに頼んでやる」という。

足袋屋の女親分とのイロゴト

梅雨も終わって暑くなり、半袖シャツ、半ズボンになって手や足などを露出するようになると、女客の、とくに三十代後半ぐらいのが、身体を寄せてくる。K市場でも、あんた白いなあ、うらやましいわ、というのはいたが、直接に手を触れるのはまずなかった。ところがT市場ではかなり露骨で、腕をなでにくるのがある。商売だからやんわり逃げたり、女の腕も握ってやったりしていると、平素からかわいがってくれてはいたが、足袋屋のオバハンが腕をつかんで、いきなりナメたからびっくりして、いやっと突き放して飛び退くと、なんや子どもみたいにと怒った。オバハンもしてみたろかと、ふところへ手をつっ込んでお乳をにぎると、逃げないでいるからええかげんにしてやめておく。するとアイモンヤのボンサンが、足袋屋のオバハンのお乳のんだと評判になる。

「俺、あんなババアのお乳なんか、のまんぞ」と怒っていたら、豆腐屋のオバハンが出てきて、「明日うちの家へ来んか。足袋屋のオバハンと仲直りしんかいなあ」とすすめてくれた。「仲直りするほど喧嘩しとらんぜえ」と断ると、「まあお客さんのことやからはなしだけでも聞いたげて、ウソでもええさけんすんまへん、いうといたらええねん」と誘ってくれる。それではと、休みの半日をつぶす気で訪ねて行くと、もう二人で待っていた。しばらく雑談していると、豆腐屋が「ちょっと御免」と出て行く。私も立ちかけるとオバハンが、「あんたほんまにお乳のんでみんか」と胸をひろげて押しつけてくる。「いやもうええ」と逃げかけると、腰へだきついてマタへ手を入れてきた。男もにぎられてしごかれるとどうしょうもない。この近所でも有名な女頭目で、海千山千だからとても丁稚ぐらいが、いくらジタバタしても勝てるわけがなかった。

「こっちへおいで」とフスマをあけると用意がしてある。「オバハン、俺のヨメハンになる気か」「してくれるのならなるぜえ、うちはゴケやからなあ」「フン年がだいぶんちがうやろ」「オトコになったり」「フン」。あしらいは巧妙であるから、お乳を痛いというまで吸ってやった。「ええか」「ええ。あんた、まだ自分でええのわからへんやろ、もうちょっと年いたらわかるわ」。

足袋は誂《あつら》えるもの

足袋屋というのはいまの若い人たちにはわからんだろう、足袋を既製品でまかなうようになったのは極めて新しく、第一次大戦後であった。それまでは着物などと同じで、自分の足に合ったように足袋屋で裁断してもらい縫ってもらう。つまり足袋屋というのは既製品の足袋を売るのではなく、注文に応じてその人の足型をとって縫ったので、材料や裁断、縫い方などにいろいろと差があり、それによって値の上、下に大きい開きがあった。

足袋屋へ行くといろいろの足型があり、まずそれに合わせてから「甲」の高さなどを測って、裁ち方をきめて裁断して縫ったのである。洋服や着物と同じで、でき上るまで何度も足に当てて修整した。とくに難しいのは役者、舞踊家、能役者など芸能家で、足袋屋泣かせである。それは芸能家専門の足袋屋のことだが、普通の市井の足袋屋でも結構、喧しいお客が多かった。まず大工、左官などという職人衆。バクチウチ、ヤシなどの兄貴分、親分衆。豪商、富豪などの旦那や奥方衆。なんぼ貧乏でも、足袋だけはまともなもん履いているぜえ、という嬉しがり屋衆。そのまたマネするドアホ連。というわけでなかなかお客も多く流行《ハヤ》っている。だから足袋屋には裁ち方、縫い方の職人が五、六人も居り、住み込み通い下請などがあった。裁ち方、縫い方には男も女も居たが、意気がって「女仕事は履けん、男でないとアカン」というのやら、なかには「あの職人でないと」と指名するのもある。それだけ値も高くなるわけだが、まあ庶民のささやかな誇りということだ。

オバハンと仲よくなると「足袋だけは苦労させせん」と、早速自分で作ってくれたが、私は長さに比して甲が高く、これまではダブダブを買っていたのに、キッチリと足に合ったのを履くと、もうまるで足が軽くなって雲の上を歩くようである。いなせな連中が履きたがるのは、これだなあとわかった。

しかし足袋というのも大へんで、われわれ風情なら綿の冬物だけだが、基本として冬、合、夏物があるとして、これに普だん用、儀式用があって、最低六種は揃えんことには一人前でない。だが、この六種が、更に材質、季節、用途によって千変万化する。同じ足でも冬と合と夏とでは伸縮するので、その度毎に材質を変えて裁ち、縫ってもらわぬと完全な足袋が履けない。足袋は一ぺん履いたら、もう捨てるものだという。われわれ庶民のように普だん履きは何十ぺんと履き、汚れてくると洗濯して、破れるとつくろいして履くし、儀式用、外出用のものは三年前、五年前のをタンスの底から探し出して履き、帰るとまたしまい込むのは、足袋屋からいえば全く外道の仕業であった。あんなのは足袋ぶくろへ、足をつっ込んでいるだけである。文字通りの、アシブクロであった。

職人というのはどこも同じだが、足袋屋の職人もノム、ウツ、カウは一人前である。こんな連中を使って、追い廻すとなるととても普通の女では難しいし、バク徒、ヤシなどの苦情もさばくとなると、よほどの根性でないとやれるものでない。なかなか勝気で、後家で切り廻すのだから、ノム、ウツ、カウも相当のものであった。近所の家のモメゴトや仲間たち町のいざこざもさばくので、女親分などとかげ口されている。田舎のオンナゴクドウ、オンナガシラ、スラム街のカナボウビキに当たる女頭目で、だいたい同じような性格、役割を果たしていた。

「いつでも夜這いに来たらええ」といい、「どうにもしたかったらヒルでも来い」と誘ってくれる。店と家とは同棟だが、内庭をへだてて居間があり、ヒルもヨルも自由に使えた。

息子夫婦は職人と同じに働いているという。こうした企業に多い型である。息子より嫁の方に見込みがあるそうで、しっかり仕込んでいるという。「職人が女の職人や女中に夜這いしているのだろう」と聞くと、そんなことはどこも同じで、ウチにもくるそうだ。うんとひねってやったら、「お前かてあっちこっち夜這いしているやないか」と怒る。

ヨビウリで公然化

そのうちだんだんと市場でも評判になり、オバハンがくると「サア買《コ》おた、買おた、安いぜえ、タビヤのオバハンがのう、アイモンヤのボウズにほれてのう、おチチすえすえいうてのう、おチチすわしたんやてのう。そら買え、買え、こおたれや」と手をたたきながらハヤシだした。オバハンは平気なもので、「お前上手やないか」とほめてやる。だんだんと詳しくなって「タビヤのオバハンがのう、アイモンヤのボウズにほれてのう、オメコせえ、せえいうてのう、イヤ、イヤいうのにさせてのう」ということになり、きついのは「タビヤのオバハンがのう、アイモンヤのボウズにほれてのう、イヤイヤいうのにマラにぎっての、チャウスで押し込んでのう」というのまで現われた。

K市場と、T市場とではヨビウリ声も様式が違うわけで、どこの市場でも独特の部分をもっていたのである。符丁隠語なども、魚屋、八百屋、四十物屋、肉屋など、それぞれ業種で違っていたが、市場によると独自の符丁を使うところもあった。まあ、それぞれ独自の特色を出すように苦労していたのである。こうして市場内部の情事も、店員と客との情事も、すぐにわかってしまうが、それで人権問題などと騒ぐバカはおらず、かえってええやないかと喜んでいた。客のなかには二人の前で、「あんた、女親分に叱られてばっかり居るのやろ」とからかうものもあるが、女親分のふところへ手を入れて、自由にお乳をいじくってみせるとなんにもいわなくなる。「この子はすぐマタへ手を入れまんねん、それだけはやめとけいいますねんよ」「へえ」ということになった。

この種の情事はかくすほど面白がってひろがるもので、あけっぴろげにするとノロケられているようになって、いつのまにか消えて行く。次から次へと新しいニュースをこしらえぬといけないから、一つの評判を続けるヒマもなかった。しかしタビヤのオバハンとの情事では、三、四度もニュースに使われている。それだけ注目されていたので、腹がふくれたと噂になったこともあり、これには困った。客のなかには「あんなオバハンより、うちの方がええぜえ」と誘いにくるのもあるし、「うちのオヤジがバクチでやられたら今度は来てよ」と頼むのもある。

まあ、オバハンも、娼も、そんなに情事、マチのことばでいえばイロゴトに苦労したり、しようとしない。流れる雲のように、楽しく遊ぶものなのである。なかには生きるの、死ぬのと大騒ぎするのもないことはないが、ボケナスというものだ。田舎の夜這いも同じで、生きるの死ぬのと大騒ぎしていても、いつのまにかおさまるようにして、なんとかおさまってしまう。

裁縫の話

ついでに書いておくと、昔の裁縫というのは衣類、着物ばかりを教えたわけでない、職人のハッピ、モモヒキから手甲、キャハン、足袋まで、一切のことができないと習ったとはいえなかった。豪商などのナカツカイ、ナカジョチュウのなかに、タチカタ、ヌイカタがいる。このタチカタ、ヌイカタは足袋まで裁ち、縫いができないと一人前にみてくれなかった。逆にいえばタビが裁てられ、縫えるのなら一人前なのである。同じ住み込み女中でも、技術者として高給であり、また待遇も一般女中よりは高く扱われていた。

とくに足袋専門の工手となるとなかなか給料もよいらしい。しかし専門となれば月給や日給でなく、下請けのようになるから、仕事をしないとそれだけで食ってゆけぬようになり、女房やコドモを泣かせることになった。足袋や、洋服や、旋盤師など、職人はみんな同じようなことをやっている。

呉服屋のオイエサンに夜這い

天ぷら屋の嬶が「あんた、呉服屋の嫁はんとねてみたいいうとったが、いくか」「ああいくぜえ」「女親分に叱られへんの」「なにがいな、親分かて浮気しよるぜえ」「ほんなら今晩十二時すぎ向こうの勝手口の戸をたたき。あんまりたたいたらあかんよ」というわけで勝手口の戸を軽くたたいたが、返ってこない。しばらくしてまたたたく。三度めになって、戸をあけてくれた。うす暗いが、女のようなので手を出すと連れていってくれる。二階へ上って、奥の部屋へ入ると、嫁はんでなくオイエハンとわかった。まあ、手も若い女にしては固いし、髪の香が「椿油」だから、だいたいの見当がつく。なかなか上品な女であったから、嫌いでないので知らぬ顔でねてみた。だいぶんせめてから「オバハンわたいほんまに好きか」と聞くと、「騙してすまんなあ」とあやまる。「いや俺オバハンの方が好きやねん、そやけどちょっとこわそうやで遠慮していたんや」「うちはあんた好きや思うておったのやが、足袋屋はんがついたんであきらめとったんよ」とうまいことくどく。「何人ぐらい浮気しとるの」「なにをいうの、足袋屋はんとちがうよ」「ほんまか」「ほんまや、あんただけや」「店にええ若い衆が、ようけおるやないか」「店の者と仲よくなったら、ムスコに放り出されるわ」「えらいキツイねんなあ」「やっぱりミセのシメシがつかんやろ」

「わいらみたいな安丁稚はどうでもええねんやろ」「あんた本気か」「いいや、オバハンが好きやねん」「わたしはあんたがついてくるないうまでついて行くよ」ということになった。

天ぷら屋が喧しくすすめるのであいまいな返事したら、今夜行くということになり、困った嫁さんがオイエサンに相談、「私が相手してみる」と身替りになったらしい。

まあ、当時の夜這いや性民俗からいえばこんなに手の込んだのは少なかった。つまり当時のマチの風景としては、近代的な道徳観が入ってきたというわけで、この頃ではまだ異色というべきである。

教育勅語に汚染されない女たち

ときどき「お前そんなに女とねたのか」と疑うのがいるけれども、もう十三ぐらいから経験しているのでマスはあまり好きでなかった。十五、十六ぐらいから女に誘われたり夜這い、雑魚寝、オコモリなどしていても、せいぜい十日に一度ぐらいの交渉で、結婚していない限り毎夜の交渉などできるものでない。相手の女性も主人持ち、子供持ちが多いから、そんなに遊べる時間を作れるわけがなかろう。いっとき三、四人ぐらい遊んでくれる女があって、漸く十日に一度かせいぜい二度ぐらいになる。

ムラの夜這いでも、若衆が連夜出撃できるわけがないので、作業や家庭の都合もあるし、雨の晩は中止、行ってみると先客があったなどと故障も多く、数人と交渉があったとしても、平均して一週間に一度なら成績のよい方であろう。しかし田舎の若衆でも女に好かれるのは、たいてい馴染ができた。馴染になると今晩行くと待たせておけるし、日の輝いている時間帯でも山の中へ誘って自由にできる。

私など人の目の多い市場でも、倉庫へ連れ込んだり、店の奥の狭い台床の下に箱を置いて女と遊んだ。女さえ承知ならいろいろの楽しみができる。

だが総括していえばそんなに変わるものでない。私など夜這い最末期の段階の経験によると、ともかく明治で教育を受けた女と、大正で教育を受けた女とでは、ムラでもマチでも性感覚ではかなりの大差があった。私が明治四十二年生まれ、明治三十五年生まれの女性であるとほぼ七歳の差がある。この差でだいたい明治から大正初めには尋常小学校を卒業した。昔のムラでは殆んど尋常小学校卒業であり、明治二十五年頃の生まれなら尋常小学校も六年制でなく四年で卒業する。したがって三十代後半、四十代というと明治二十年頃に生まれているわけで、ムラでもマチでも普通の家庭でよくて尋常六年卒業、大半は四年卒業で、さらに底層の女たちなら殆んど教育を受けていないだろう。私たちが戦前の民俗調査で、柳田派の連中の採取を見ていてわかってないなあと感じていたのは、この教育の差である。

要するに明治二十年から三十年頃に生まれた女性の殆んどはマチなら幕末、ムラなら村落共同体の思考感覚で生活しており、明治時代の近代教育ですら殆んど受けていない。家父長制とか、一夫一婦制などの思考方法がなじまないのが当たり前で、夜這いにしてもマチの付き合いにしても、性的交渉を淫風陋習などと感じるはずがなく、お互いに解放する機会があって当然だと思っている。

教育勅語的な思考、処世方法が一般の女性にまで浸透してくるのは、大正も第一次大戦以後であって、明治時代に初等教育を受け、あるいは受けなかった一般の女たち、すなわち「教育勅語」によって汚染されなかった女たちと、「教育勅語」によって汚染された女たちとの間には、明確な人生観、世界観の差ができてきた。同じ明治時代でも、女学校など中等教育、あるいはキリスト教的な教育を受けた女たちは「教育勅語」的汚染に早くから侵され、それをもって新しい女だと勘違いしていたのでその落差は大きく、殆んどのムラではスソナガ、スソヒキなどとよばれ、ムラの女の世界から孤立させられ、僅かに愛国婦人会的組織を通じて連帯するほかなかったのである。

女の三婚、四婚はふつう

たとえば場末の小商店街や廉売市場のオカミサンたち、要するに嬶や女房たちで公式に入籍しているのが何割ぐらいかというと、甚だ心もとないことになった。よくはなしをするようになると、いまの主人と初婚というのは殆んどいない。コドモができて周囲、とくに役所などが喧しくいうので入籍したというのが多く、「オバハン、いまのオヤジで何人めや」「そやなあ、三、四人めか五、六人めぐらいやろ」と、本人自身があやしい。一つ、一つ結婚式を挙げ、入籍していたのなら勘定もできる。十日、一カ月ぐらい同棲して別れたというのまで勘定していると、とても正確に答えられるものでない。三年同棲していても忘れてしまうのもあれば、僅か十日の同棲でも死ぬの、生きるのと大騒ぎしたのは覚えているというわけで、必ずしも同棲期間の長短に関係ないから、よけいにややこしくなる。入籍しても三婚、四婚は珍しくないし、その間にコドモを産んでいてもそのままにしているのもあるし、いまのオヤジの先妻の子と自分の生んだ子とを育てているのも多い。

貞婦、二夫にまみえずとか、一夫一婦制の結婚など、教育された覚えがないから、いたって気楽に同棲したり別れたりしている。コドモなどもそのときの情況で男に残すのもあるし、自分が連れて出るのもあって、そのときの風まかせ波まかせであった。コドモを育てたいと思っても養えないのなら、養子に出したり、親類縁者、一族のうちで引き取ってくれるところへ出したり、それはしょうがないと割り切っている。また、そのほかに生きて行けぬような世界であり社会であった。

夜這いの延長にあった結婚

したがって結婚生活というものを固定的なものとは考えず、男か女かどちらかが別れるといえば、多少のいざこざがあったとしてもあまり騒がないでわかれる。家庭裁判所へ訴えるとか、慰謝料や財産わけなどかりに請求してみたところで、とれるものでないのはわかっており、同じなら器用にわかれるのがよい。まあ彼女たちが若かった頃には家庭裁判所もなかったし、離婚などと難しく考えるのはおらず、仲人を入れて話し合うのは珍しい方で、当人同士が「ほな、うち出るぜえ」「おう、出て行け」ではなしがすむ。女が出るといっても風呂敷包み一つ、信玄袋一つあれば良い方で、女には女でまた、その仲間が必ずあるから三日、五日ぐらいとめてくれるし、その間にケイアン（桂庵）、クニュウ（口入）へ行けば一人、暮らすぐらいの道はつけられる。

田舎のムラにしても同じようなもので地主、豪農、酒造その他の産業資本家というのは、極めて僅かで、だいたい自作小作が良い部類に入り、小作、日雇稼ぎなどが多い。古いほど村内婚が多く、これは教育勅語時代になってムリヤリ入籍結婚にされてしまったが、それまでは「夜這い」の延長みたいなもので、同棲したからといって必ずしも双方が、相手を性的に独占したわけでも、できたわけでもなかった。

また別れるのも簡単で、離婚のなんのと騒ぐことでなかったから、古い記録を見ても三婚、四婚は珍しくない。めんどうな記録でもそれほどたくさんあるのだから、記録にならない別れや出会いは更にたくさんあったのだ。コドモが生まれたとしても、必ずしも現に同棲している男のタネとは断言できない。しかし同棲している期間中に生まれたコドモは、その男の子として育てられる。

大正初めには東播あたりのムラでも、膝にコドモをのせたオヤジが「この子の顔、俺に似とらんだろう」と笑わせるのもおった。夜這いや雑魚寝、オコモリの自由なムラでは当たり前のことで、だからといって深刻に考えたりするバカはいない。だいたい東播あたりのムラまで村外婚が普及し、仲介人や仲介業者が活動するようになったのは、大正に入ってからである。村内婚が主流の段階では「仲介人」など要るはずがなく、双方とも生まれた時のことからわかっていた。したがっていま民俗慣習として採取されているムラ、ムラの結婚習俗などせいぜい大正初め頃にできたもので、そんなに古いものでない。したがって殆んど全国的に同じような形式で、少しでも変わった部分がないかと探すのに苦労する。

柳田民俗学のペテン

いま夜這い、雑魚寝、オコモリなど、かつてのムラ、ムラでは普通であった習俗が、教育勅語的政策で徹底的に弾圧、淫風陋習として排撃されたが、その手先となって働いたのが柳田派民俗学で、かれらによって民俗資料として採取を拒否されたのは、まだ良い方で、故意に古い宗教思想の残存などとして歪められ、正確な資料としての価値を奪われてしまった。そのため戦前はもとより、戦後もその影響が及んでいる。ちょうど教育勅語による汚染が浸透し始め、われわれ日本人は神代の昔から一夫一婦制と、処女・童貞を崇拝する純潔、清純な民族であった、などとありもしないことを真実のように教え始めていたのだが、しかしムラにも、マチにも、そんな嘘を真実と信ずるバカモノはおらず、昔のままの自由な社会がまだ展開していたから、私などはその境界で解放された性の世界を見たり、知ることができた。

柳田派民俗採取者のなかで、ときどきいろいろと女人に民俗慣習を聞いているうちに、質問を切上げようとすると、「ここはどないやねん」とマタをたたかれた、というのがいる。これはまだムラや、ムラのオナゴについての認識が浅いからで、それがわかるようにならないとほんとの意味の民俗採取はできない。

私などはまだ十五、六から採取に出たから、そんな難しい環境がわかるはずもなく、自転車で走り廻っているうちにヒマのありそうな女連中を見つけると下車し、いろいろと聞いていた。もう女との接触はすんでいるけれども、一応は教育勅語式修身に毒されてもいるので、性方面の資料採取というのは作法として自分の方から聞き出すものでないという考え方になっている。そこで結婚民俗の話を聞くにしても、縁談の起こり、仲人の役、見合い、結婚式という具合になってしまう。出立《デ》ち、荷送り、出迎え、盃、門《カド》酒、部屋《ヘヤ》見舞、マナ板洗い、三日帰りなどと、どこでも同じようなものである。これでわかりましたということになると、教育勅語で汚染されていない年代の女たちからいえば、「なにがわかったんかい、一番かんじんなココのはなしが抜けているやないか」とマタをたたくことになった。

8　口入屋《くにゅうや》のしくみ

安売り市場の実相

私が奉公したのは、その頃から発達するようになった廉売市場であり、四十物と書いてアイモノと読む商売だが、上品にいえば海産物商、多くは乾物商をかねていた。丁稚小僧二人、女中一人、家族五人という家族経営である。出戻りの姉、未婚後家《イカズ》の妹というので、あまり環境もよくなかった。しかし市場の空気は、大商店でないから、極めて開放的で面白い。だいたいが居住地でも同じ商売をやりながら市場へも出店しているという型が多く、初期の廉売市場の主たる形式である。ところが近郊地に新しい住宅地が開発されるようになると、こうした廉売市場を新設するものが多くなり、廉売市場をねらって支店を出すのが増え、居宅はただの住居とする型式へ急速に変化した。

だが廉売市場では、いくら売れても限界があり、店員と経営者従業員との売上高になると、従業員が多くなるほど相対的に利益が減ってくる。これを当時は「八百屋とか魚屋は大きくなれば潰れる」といった。儲かるからと店を増やし、人を増やすと人件費が高くついて失敗する。戦後のスーパーのように大量生産、大量販売というわけにならなかった。したがって廉売市場というのは、ほぼ同じ程度の規模の経営者が集まったのである。

何代も大阪で商売していたというのはすくなく、河内、大和、和泉、紀伊など近隣の諸国から働きに来ていたり店を出していて、市場開設に賭けたというのが多い。これまでのように商店街で独立の店を開けない小資本の連中が、一間×一間ぐらいの土間を仕切って借り、そこへ台や棚を作って商品を並べるという中世絵巻物に出てくる「市」と殆んど変わらないのである。そうした超零細企業であるから、商人としての基礎的訓練を受けたのは少なく、まあ素人でもなんとか商売ができるということだ。商品も資本や経験の必要な呉服、洋反物、小間物などはなく、日常の必需品、食料品など小資本で回転の早いものが中心となる。したがってせいぜい高小卒ぐらいで、殆んどは尋常、新聞でも読めればよいほうであり、商売人に学問は要らぬと信じているのが多い。したがって出身農村の方言、民俗をそのまま持ち込んだような連中が主となり、性民俗も古い商人気質《アキンドカタギ》などという慣行とは無縁であった。

お客層もせいぜい場末の小商店主が上層で、普通は裏筋の四軒長屋群に住む安月給取り、職人、職工などの底層ということになる。

場末の廉売市場、零細住居地域といっても、スラム街や周辺の零細商店街よりは安定度が高い。そうした弱小経営基盤であるから、家族経営が主であって、補助として丁稚小僧や女中を一名、せいぜい二名ぐらい雇えるのが限界である。

丁稚や女中は出身農村から前借で雇ってくるのが多く、だいたい年季、仕着《シキ》せで百円ぐらいであろう。前借でない丁稚もありこれは仕着せで月小遣い五円、積立五円が平均であった。しかし零細企業が激増し、丁稚の雇用が多くなるにつれて十五円、二十円支給、三食部屋つきと高くなったので、丁稚、小僧など若年労働層の移動が激しくなる。大正七、八年頃から昭和初めにかけての、だいたいの零細企業群の社会的環境であった。

これまでの通常の商店経営では、丁稚小僧から手代、番頭と昇格、別家として独立の商店経営者になるのが不文律である。しかし零細企業では、そうした保証ができない。のみならず僅かな経済的変動でも、自家そのものが没落しかねない弱体であり、とうていそうした長期の保証をできるわけがないから、丁稚小僧や手代級の者も少しでも報酬や待遇のよい条件を求めて移動するほかなかった。

場末の小商店街や廉売市場などのある裏通りは、だいたい汚水の溢れるような排水溝に沿うて四軒長屋が続き、稀には二階建ての四軒長屋もあるが、殆んど二階は間借り人に貸していた。まあスラム街に近い部分もあったが、それだけに生活の必需品、生鮮食料などはよく売れ、周辺の農村地帯からも買いに来る。坂の中腹あたりの清水谷方面は、少し高級住宅街になっており、御用聞きに歩かされた。

電車道は一応の商店街になっているが、あまり繁昌せず、裏通りは中級や汚い四軒長屋が多く、坂下の廉売市場へ買い出しにくる。電車賃使っても安く買えると上町台地からも、買いにくるのが多かった。そんなことで客ダネもいろいろであるし、御用聞きもいろいろと面白いのがある。御用聞きをうまくだき込んで品物を運ばせ、月末近くになると宿替え、どこへ行ったのかわからんというのもときどきあった。たいてい隣近所の家と共謀《グル》、というのが多い。御用聞きを遊ばせてくれたり、喜ばせてくれる客ばかりでなく、こうしたアコギな客もあった。

たいてい半年ぐらいで家を替えるから、新しい客にはそれだけ注意するようになる。しかしまあわれわれ丁稚小僧には、そういう損害はこたえないから、同情して聞いておればよかった。

呉服屋は貸すと金高が張るからよほど信用がないと貸さない。その頃嫁入り衣裳というので借りまくり、そのままドロンという事件もあり、商売も大へんであった。

われわれ丁稚小僧は店が倒れても、すぐ他の店へ移ればよいのでその面では気楽である。丁稚小僧から「小店員」への過渡期で、零細商店主は困った時代だが、われわれは古い性の自由な展開を楽しめた段階であった。それは結構であったがあんまり遊びすぎて、夜になると微熱、盗汗という症状が出る。オバハンやオイエサンたちが心配し、阪大病院へ連れて行かれ、結核の初期、肺尖カタル、このままだと一年よりもたぬと脅かされた。

かくて田舎へ帰って養生ということになったが、一と月、ふた月は安静にしてねていたが、そのうちに空気銃を買って雀打ち、これにあきると自転車で「郷土研究」に走り廻って、ムラの女どもからどこが悪いの、とひやかされる。また町へ出たいとオバハンたちに相談すると、「せめて一年ぐらいは養生せんと再発したら今度はダメだ」と脅かされたものの、田舎暮らしの夜這いよりも町のオバハンたちと遊ぶ方が面白いと大阪へ行くことになった。オバハンたちは反対なので口入屋の世話になる。

金貸しの女旦那

「おい、お前字書けるやろ」「そら、書けるが、なんや」「帳づけの仕事があるぞ」「そらええ、行こう」「しかし、ちょっと難しいが行ってみるか」「なにが難しいねん」「貸しつけ業や」「なんの貸しつけや」「カネや」「なんや高利貸しか」「貸金業というのやが、早うたらそれや」。

不景気になるほど高利貸しが繁昌する。間貫一になる気はないが、一ぺんのぞいてみるかと行くことにした。当時は天下茶屋、天王寺、島之内などに有名な高利貸が居たのである。

私が紹介してもらったのは「老松町」ということにして、行ってみるとやや大きい居宅だが、高利貸の看板など掛けてないし、質屋のようなノレンもかけていない。ほんとのシモタヤ風の家で、ただ戸口の両端に塩が積んであった。「御免下さい」と入ると女中が出てきて、「どうぞ」と奥へ通してくれる。奥の茶の間に長火鉢を置き、後が重ねダンス様の物入れ、重要書類の収納庫、上が神棚という、こうした商売の定型であった。

座っているのが、よく肥えたツブシ島田の色の黒い大きな顔の女で、金歯は二本ぐらいで普通だが、右手には太い金指輪を二つ、左手にも一つはめており、女の高利貸しとしてはまず典型的といえる。

「帳づけの仕事というので参りましたが」というと「もう少しすると番頭たちが帰ってくるから、よく話を聞いたらええ」と、身許調べになった。通いの番頭が二人、寄宿の手代が一人で、これまでいた手代の代わりということらしい。

私の作業は主人、番頭、手代が収出した金の処理、明日取り立てに行く家の調べである。昔の大福帳式だから能率が悪いが、カード式に改変すると楽に処理できた。そんなことを教えてもわかるわけがないから大福帳と、カードの二つにしておいて仕事にはカードを使ったのである。そのうちあんたにも仕事を覚えてもらうといっていたが、ええかげんに逃げてやろうと思っていた。

一週間もするとだいたいの家の状況がわかる。同宿の手代という若い男はどこにねているのかわからない。家にいることはわかるが、朝早く出て晩方に帰って、食事がすむといなくなる。こっちもコドモでないから女主人と同衾しているぐらいわかった。そうすると前の手代は喧嘩して負けて放り出されたと想像がつく。まああの女なら若い男の二人ぐらい、手玉にとるのは楽だろう。口入屋のオヤジめ、難しいといったのは仕事でなく、その方のことであったのだ。

女中は一人で寝ているのだから夜這いをかけるといろいろと教えてくれる。「主人は太って大柄だから、あんたみたいな小柄で色の白い男が好きやで、だいぶん気に入っとるみたいやぜえ」「そんなことなかろう、まだなんにもいいはらへんぜ」「いや、もうあんたの身体を見て、ええ身体しとるというてはった」「いつ見たんや」「ふろ入るときや」「見えるんか」「見えるわいな」「ふーん」ということになる。手代を遠い貸金先へ出張させた晩に誘いにくると教えてくれた。「あんなババアとねるのは好かん。そのときは家に急用ができたと逃げるから」と頼んでおく。四、五日すると、うまいこと逃げて口入屋でねかせてもらう。

オヤジは「あほやのう、あんな女もええとこあるんやぞ、一ぺん味見せたろ思って放り込んでやったのに」と笑った。「いや、あの手の女は田舎にもようけおる」「あんまりええのおらんぞ」「そら好きずきじゃ」と大笑いになる。「どうする」「一と月分のカネもろてから逃げる」ということにした。

「しかしあの女だいぶ変態とちがうか、若い男二人両側にねかせるいうんやからなあ」

「長いこと苦労して後家になったら、そのくらいのことやるわい」「オヤジ他にもああいうくち世話しとるのか」「そういつもあるわけでないがときどき聞きにくる、だが気に入るのが難しい。お前はよう気に入っとるんやが惜しいぞ」「まあかんにんや」と逃げることにした。「三食ね間つき手当て二十円はええがなあ」「なにをいうんや、あんなババアの相手しとったら三《ミ》月たたんうちにゴホン、ゴホン（肺病）や」というわけで、いわゆる「男妾」の求人もかなりあるらしいとわかった。

この頃、女の高利貸も珍しくなく、かなりいける別ピンもある。こんなのは主人か、後援の金貸しに死別、後を継ぐようになったので、兇状持ちの脅しに負けぬような巨漢を求めるそうだ。そうした求人票はどうするのと聞いたら、旅館料理店の「番頭」「別荘番」などに引っかかってくるのから、選別するらしい。

オカマにされる危険

「お前は用心せんとあかんぞ、知らんとこの口入屋などへ行くな」と教えてくれた。町の銭湯へ入って帰りに後をつけられ、若い男に交際してくれと脅迫されたことがある。コドモの頃のアダナが「ダイコン」で、それほど色が白かった。十五、六になると油が乗ってツルツルになり、夏になってシャツ姿になると、市場の女客がわざと腕をひっつけにくる。

三十代後半、四十代のオバハンになると、「あんた、ええ身体しとるなあ」と腕をなでにきた。「なんや身体だけか」「いやどっこもええ、そのヒタイ富士ビタイいうんや、髪は黒くて多いし、ほんまに女やったら羨ましいんや」と感心してくれた。勤め先で夏になると行水するが、たいてい嬶、娘、女中などは見ないようなかっこしながら、盗み見していたので、夜這いを誘ったり遊びに行くと喜んでくれる。

口入屋が「用心せえ」というのは、オカマにされることだ。性格的に自らオカマになるのもあるが、強制的にオカマにされるのもあって、ほんとはこの方が多いらしい。後にスラム街のドヤ、長屋のブタバコで強制的にオカマにされるのを見たが、あんがいに早いことオンナになる。女と男とになるわけだが、男の方も女になってその本性がわかるという。男役ばかりでは片身で女役にもなってみてわかる。一ぺん女役の味を覚えると、男役はつまらんそうだ。しかしドヤ、ブタバコで強姦されているのを見ると、女の強姦より痛いらしく大泣きしている。とくに輪姦となるとかわいそうで見ているのが辛い。ただ馴れるのも早く半年もすれば商売人として生活している。戦前は今のように公然とせず、極めて隠密に行動していたが、今宮あたりのスラム街では公然化し、夫婦暮らしも珍しくなかった。

私はどうも好きになれず誘われても断ったが、もし思想犯でなかったらブタバコでは危ない。毎朝、シラミ取りに着物、シャツをぬいで裸になって掃除していると、女よりキレイやなあと羨んでいたから、まあやられていただろう。断っておくが、オカマを一度でも経験すると、尻の穴を見ればすぐわかる。特徴のあるマクレが、医者でなくてもわかった。処女の判別より確実にわかる。まあそういうことにしておく。ともかく若い頃にはオカマにしようとねらわれたので、口入屋が心配してくれたのは当然であった。私は少しでもケがあると女装してオカマになったと思うが、幸いにして「女」の方を楽しむように田舎で教育してくれたので、専ら「女」の尻ばかり追っかけることになる。

市中の口入屋となると、これはもうさまざまで、私たちの行くのは丁稚小僧、手代など、いわゆるオタナモノ、商店奉公人専門というのであったが、船場、堀江、新町あたりでは、それで食えたが、場末になるほど人夫、土方などとの混成、つまりオイコミとなり、それだけになんでもよいのなら、早いこと押し込んでくれた。

オタナモノ専門というのは、だいたい着替えのフロシキをかかえて転がり込むと、二階でねかせてくれ、二、三日、遅くても五日ぐらいでどこかの店へ押し込んでくれる。その間三食くわせてねさせ、馴れた奴は小遣いまで借りた。就職して初めてもらう給料で一切の清算をする。いつでも三、四人ぐらい居候をかかえているから、いろいろとトラブルも起こった。財布、時計など貴重品は自分で厳重に管理するほかなく、少しでも油断すると取られる。青・壮年で性欲の強いときだから、若いのが入ってくると輪姦になるのもあった。普通でも夜中に目をさますと、隣で重なっているのは珍しくもない。どこでもというわけでないが、そうした風俗が強かった。

しかしいろいろの就職情報は、よくわかる。どの業種は仕事が楽で、ミイリがよいとか、嬶天下の店ならこうしておさえつけたらええとか、御用聞きのやりかた奥さんや嬶のくどきかたなどと、とても公設職安では教えてくれないことを教育してくれた。ひどいのになると売上金のごまかしかた、月末の支払い金の抜き取りなどと、いろいろと実践した結果を報告、伝授してくれる。間違っても親に孝、君に忠などと説教するのはいない。だいたい大阪の中級商店、小商店街、廉売市場街などの環境、経営情況、性生活などがわかった。口入屋の主人、番頭というのもそれ相応の経験をしているから、就職先の情況についても主人夫婦や家族に至るまで詳しく取り扱い方を教示、これまでにも紹介したことがあれば、その結果も知らせてうまいこと勤めよということになる。勤務先の商店街、市場などで知り合った友人もあるし、こうした口入屋で厄介になって知り合う友人もできるわけで、そうした友人の手引き、紹介で移動するのもできた。

口入屋の実態

当時開設され始めた公共職業紹介所では、とても対応できず、殆んど民間企業の口入屋、普通はクチイレといったが、関西では口入屋（クニュウヤ）、関東では桂庵（ケイアン）という。初期の公共職業紹介所は中学校以上の学歴者で、いわゆる俸給生活者が対象であり、低学歴、無学歴は相手にしなかった。そこで市中の口入屋となると、これはもうさまざまで、これだけで菊判一千頁ぐらいの本がらくに書ける。しかしこの頃の口入屋の実態どころか、その店の風景、取引ですら知っている人は、もう殆んど居なくなっただろう。私の接した範囲など知れたもので、とても口入屋の全容などわからない。だが、あまり書いたものがないのでここで記録にしておく。

断っておくが、ここに書いておくのは私が経験した範囲のもので、いろいろと他の資料を調べて書いたものではない。そのために他の人の経験あるいは記録と違うこともあるだろうし、私の記憶違いもあるかと思うが、それは他の機会に訂正、あるいは追補しよう。ともかくこれまであまり他人が書いたことがない世間、丁稚や小僧生活、女中や子守奉公、町家や農村の性生活などであるから、いま思い出すままに書いているので、同じような話が二度、三度出てきたりするだろうが、前に書いた部分を詳しくしたり書き漏らした部分を追加したりしているので、よく読んでもらえば新しい資料があるはずだ。初めから順序を立てて書いておく暇がないので、訂補として読んでもらいたい。いずれこれを土台にして書き改めるつもりだが、それは史料、資料だけでも大へんだ。私もいつかは歴史としてまとめてみようと、会社史、工場史、商店史から、あらゆる人たちの伝記類を五千冊ばかり蒐集、いわゆる丁稚、小僧から叩き上げた人たちの伝記もかなり集めておいたのだが、住宅が狭くて強固でないのでミシリ、ミシリと振動、女房がヤイヤイ今にも家が潰れそうに悲鳴を上げ、しょうことなく五十年かかって集めた本を、これから役に立てようというときになってとうとう処分。泣くにも泣けんというまことに惨めなことになってしまった。こんなことになるのなら、酒のんで女遊びして、バクチやっておいた方がよかったと思ってもしょうがない。貧乏人が妙な「大志」を立てるとこういうことになって、俗にいう「アブハチとらず」、骨折り損のくたびれ儲けとなった。

大丸、三越、髙島屋、十合、白木屋など古い店の「店史」、番頭などの伝記も、かなり集めていたので、こんなときにすぐ役に立つのだが、もう使えないのではつまらん話である。私がそういう努力をしなかったわけでなく、食うものも食わずに努力しながら、貧乏暮らし故にそういうことになったのであり、まあ同情してもらってもしょうがないが、資料や記録を集めなかったような不精者でないことだけは了承してもらいたい。

そういうことで記憶の一つ一つを、他の資料で検証することはできなかったが、いずれ整理して大論文に仕立て直しするときには「注」を三百、五百とならべてお目にかけるから、それまでは「聞き書」資料ぐらいに読み流してもらいたいのである。

さてそういうことにして、まず当時の「口入屋」の店頭風景を書くことにしよう。

口入屋の店頭風景

「口入屋」というのは立派な商売であるが、しかし世間的には七分、三分ぐらいに見られていた。もとより正直な部分が三分、後の七分は口から出まかせのインチキで通る商売ということになる。これが政府のお気に召さず「口入屋」を徹底的に弾圧、いわゆる職業紹介所による独占事業にしてしまったが、なんのことはない、戦争の準備でこれで総動員の基盤を作ったわけだ。

「口入屋」にいろいろと弊害の多かったのは事実だが、しかし公共職業紹介所みたいな人間味のない、人間を血の通わぬカード一枚により見ないような非人間的なものでない。その証拠に、当時でも手数料をとる「口入屋」に対して、市町村による無料の職業紹介事業が行われていた。どちらに客が多かったかというと、タダの職業紹介へ行くのは殆んど不慣れの連中で、「また明日《アシタ》来い」とあしらわれて職業につけず、結局口入屋の世話になる。口入屋は手数料で食っているのだから、ともかく押し込んでくれた。役所の職業紹介みたいに、「希望に合わねばまた来い」では生きておられぬ人たちには、この口入屋がどれほど役に立ったことか。役所で売淫や女給、女郎の紹介はできぬというが、その他に生活手段がなくなった人たちにまた来い、では死ね、というのと同じだ。

だからいつの時代でもそういう「口入屋」は生きている。かえって悪質な女衒やタコ部屋を繁昌させているので、口入屋の時代にはそうした最悪質な部分への転落を、その半分ぐらいまでは防止していた。社会の底辺、底層の人たちには今でも職業紹介所などクソの役にも立たず、まだ残っている「口入屋」的活動によって救われていると思ってよい。したがって実質的な「口入屋」は、まだ底層の社会で生き残っている。

私のこれからの話は、まだ「口入屋」が、公然と活動していた頃から、だんだんと活動を制限、遂に地下へ追いこまれた段階のことであった。

その頃の口入屋は三分、七分とみられていた通りで、町の中心になるような大通りには店を出せない。第二、第三級の通りが多く、といって路地や路地裏では商売にならぬ。今の不動産屋とだいたい似たような場所が多く、昔はあんがいに「質屋」のある通りに多かった。黒い布ノレンを出すのもよく似ているが、店の表に不動産屋みたいな張札を出すのが多かったので、この点では不動産屋によく似ている。ただしそれは古い型の口入屋で、両開きの硝子戸に「職業紹介所」などと入れた、新しい型の口入屋もあった。つまり和式の口入屋から、洋式の職業紹介所への移行の過渡期である。

客寄せ求人票

私たちに面白くかつ、よく世話をしてくれたのは和式口入屋であった。いまの不動産仲介業者が、店外の壁にいろいろの仲介物件を張り出しているように、昔の口入屋もいろいろと仲介先、求人の張り紙をして、客を集める。まあ殆んどインチキで、客寄せの広告にすぎない。釣られて店へ入りあの店に紹介してほしいと頼むと、いやあれは昨日世話した、もっとええとこがあると、別の紹介に引入れてしまう。そのへんは商売でなかなかうまい。

田舎から立身出世の大志をいだいて都市へ出た若者たちが、よくひっかかるのが、「書生」「苦学」などと大書したり、「店員」と大書、下の細かい条件の中に「可夜学」などというやつで、こんなのはことごとく人寄せのインチキである。「書生」はともかく「苦学」などと大書、また読み難いような細字でなに気なく「可夜学」などとまことに芸がこまかい。細字まで読ませる手段で、ほんまに「夜学」へ行けるのかと喜んだら、そんなヒマはなかった。男の口《クチ》はまあそれでよかろう。

「奥女中」「小間使」というのも「書生」「苦学」と同じで、女の客寄せにすぎない。もっと悪質の場合は「妾《メカケ》」奉公のおすすめである。どこの口入屋でも、こんな客寄せの求人票が二、三枚は掲出してあった。初めはそんなのを熱心に読んでからノレンをくぐるが、正体がわかってくるとアホらしく見向きもしない。そうなってから、かえって口入屋と仲よくなるので、顔を見たり見せたりするだけで、なんやもうケツワリか、と後の心配をしてくれた。

たいていの口入屋はノレンをわけて入ると土間になり、奥に帳場があって主人か番頭が座っている。座り縁に腰かけたり長イスに腰かけて応対するが、他に客のあるときは内壁にも掲出してある求人票を読む。内壁に掲出してあるのはまあ本物が多いので、だいたいの傾向がわかる。馴れてくるとオヤジも、その何段目のやつはどないや、などという。ともかく顔を出せば、なんとかしてくれるとなれば、これは転職、失職のベテランであった。

私のように十六から、十八ぐらいまでの若い衆は、それでもあまり文句をいわねばなんとか食うぐらいの口《クチ》はある。しかし二十を越すと、もう仕事がなかった。女房、子供のある三十代、四十代となるとまあ絶望的である。それほど昭和初年の経済恐慌による失業旋風は苛烈であり、惨たんたるものであった。労働争議も盛んであり、工場倒産でますます失業者が激増し、口入屋へ飛び込んでくるのも多かったが、まずどうしょうもない。不景気になると口入屋が繁盛しそうなものだが、紹介先がなければどうしょうもなかった。

求人御三家――店員、外交、雑役

少しでもまともな求人があると常連客へ廻すから、一見の飛入りではムリである。しかしそれでは商売にならぬから、デタラメ、インチキの求人票を張り出す。そのなかに混ぜて掲示する本物は「店員」「外交」「雑役」でわれわれは「実物御三家」と笑っていた。「店員」といっても丁稚小僧が主力で月給取りの「店員」ではない。「外交」は最も就職できる業種で、これならその日からでも仕事がある。しかしいわゆる「分割」であるから、それだけの仕事をとらないと一銭にもならない。電車賃を出して外交に廻っても、仕事をとらねばかえって損の上塗りになる。らくに取れるような仕事なら「外交」など必要であるまい。口入屋ですぐとれるような「外交」は、そういう難しいものだが、馴れた「外交」は仲介の手数料を取るのと引換えにしないと注文先の客を教えないのである。月末にまとめて支払うとか、うちは日給月給だなどといわれてええ気になっていると、月末になっても絶対に支払ってくれない。なんとか、かんとかいって引延ばし、ついに耐えかねてやめると、それだけタダ使いしてタダ儲けになる。口入屋の「外交」とはそんなインチキ物が多いから、だんだん馴れてくると仕事を欲しがる工場や商店を廻って、こんな仕事があるが、いくら出すと前に交渉し、紹介と引替えに手数料を取った。つまり作業ブローカーだが、これでないと「外交」では生きて行かれない。しかし生命保険の外交と同じで、二つか三つ仕事を探してあきらめるのが多いから、そのあわれな犠牲で口入屋も、営業先もどうにかメシが食えた。

次は「雑役」「人夫」だが、これは千差万別でいろいろと多いが、この頃の「雑役」「人夫」の求人は「当座モノ」で、二、三日で仕事がすんだらクビである。常雇的な仕事は常連に廻すから、飛び込みでもらえるようなものは短期のきつい作業が多い。それでも仕事があっただけよかった、ということになる。商店街の雑役は飲食店などの残飯集めや処分が多く、その残飯をもらいにきて、ルンペンに二銭、三銭で皿に盛って売るのがあり、下には下がいくらでもあった。工場街の雑役も重い廃材を車に積んで捨てに行くのが多く、きつい作業の割りには賃が安い。すこしでも長期的な常用人夫の口は口入屋などへ廻るより前に手から手へと渡されている。

そうした大へんな時代であったから、一度失業したら殆んど再就職が望めなかった。失業保険も医療保険もなかったから、戸主が失業したり肺病になると、女房、娘たちが身売りするほかなく、女衒《ゼゲン》だけが儲かることになる。

まあ私たちが見ていても大へんな苦しい時代なのに、関東地方大震災で、更に拍車をかけた。関西では一時的に救援物資の荷動きがあったけれども、そんなものは半年も続かず、更に深い不況に襲われている。

われわれ丁稚小僧の求人は、そうした不況のなかでかえって好況であった。小商店、廉売市場の零細商店、場末の零細工場などが、独立して経営することになると、どうしても家族経営では困難になり、低廉な労働力を求めざるをえない。とても月給を払って一人前の店員を使えないから、三食つき、月手当てというような丁稚小僧より使えなかった。つまり大企業、大経営では丁稚小僧や手代の合宿的共同生活を解消させ、自宅から通勤させる小店員、店員制へ急速に変化する。そうした社会経済の大きい変革の時代に、私たち丁稚小僧も翻弄され、浮沈していた。

9　大店と女中

オヤダシ、ミモトウケ、クニュウの三形態

たいていの商店や市場の出店《デミセ》は家族経営だが、女中の一人、二人を雇ったり、この頃から通いの女店員を使うのも発生し、その過渡期といえる。女中奉公人の専門もあるが、だいたいは女中、子守、乳母《オンバ》を包含するのが多い。仲居、酌婦、女給はそれぞれ専門もあるが、これで一括する。看護婦、家政婦も一括するのが多い。娼妓、酌婦には女衒がいるが、紹介屋的なのもある。商店奉公人として一般なのは女中であるが、これには紹介屋経由の他に、自家の郷里や知人などの直接採用もあり、女中の下働き、マカナイ婦、雑役婦も一括して専門の紹介業があった。婦女の紹介業もおのおのと専門に分かれ、多種多様というほかあるまい。

女中奉公には一年、半季、当座の三種があり、一年以上の長期になるものもあった。といっても目見えして一日、二日でやめるのもあって、それはさまざまであろう。

女中奉公の最高級は行儀見習いで、貴族、豪商などの家へ行くが、食事だけはするが衣服、小遣いなどは白弁、つまり親から仕送りした。女中といっても、花嫁学校の一種で、地方によると一つの資格になる。

次が「小間使い」で明治の三文小説では悲劇の主人公に登場、満都の婦女子の袖をしぼらせることになった。このへんまではオナゴシ、オサンドンとなると、だいたい年季奉公、一年、半年の前借が普通で、親に金を払って、本人を仕着せ、心づけ、食事だけでこき使う。典型的な女中奉公だが、これにもオヤダシ（親出し）、ミモトウケ（身許受け）、クニュウ（口入屋）の三種がある。オヤダシは親が直接に持ち込んだので、ミモトウケは仲介者が責任をもって取り次ぐもの、クニュウは口入屋の責任で奉公が成立したものであった。

素人にはわかりにくいが、事故が起きたり問題が生じたりすると、この種類によってイザコザの処理、解決の方法が違ってくる。これは丁稚奉公もだいたい同じであった。下層、低層の社会機能もなかなか複雑で、こうした構造とその機能がわからないと、実情が推理できるものでない。

近頃、田舎や被差別部落の老人たちから「聞き書」をとるのが流行している、それを読んでいて、吹き出すようなのが多い。そうした老人たちに赤松啓介みたいな頭脳と推理、構成力を求めるのはムリで、いろいろと矛盾したりおかしいこともいっている、たいてい

女は子守、女中、女工働きに出ているし、男は丁稚、小僧、職工勤めなどをやり、田舎なら地主、富農の下女、下男、譜代百姓などになった。

たとえ子守、小僧奉公にしても、本人は知らなかったにしろ、当の主人、主家と親権者、仲介者との間には契約がある。かりにAの地主は強欲な奴でろくにメシも食わせずこき使ったが、次の地主はシキセもくれるし、小遣いも少ないがくれて暖かい人柄であったといったとしても、まずどんな契約であったかがわからなければ正当な判断はできない。親がかわいそうだと思ったか、家の経済が好転したかして緩い条件にすれば、当の本人は知らなくても奉公先の扱いはよくなる。

科学的実態調査というのなら、そこまで踏み込むのが当然で、老人、老女の昔の苦労ばなしだからと、「フンフン、ハアハア、大へんでございましたねェ」、では漫談聞いているのならともかく、調査としては箸にも棒にもかからぬジャリネタでどうしようもあるまい。

しかし本人が知らなかったり、記憶がないのをどう調査するのかというだろうが、オヤダシ、ミモトウケ、クニュウがわかるだけである程度のことは推理できる。

この三形態の特質、条件がわかっておれば、こんなことはありませんでしたかなどと視角を変えて質問すれば見当がつく。といってもオヤダシ、ミモトウケ、クニュウの典型的契約などあるはずもなし、両者の力関係で千変万化する。極端にいえば一人ひとりの契約内容は違うだろう。それをともかくわかるようにまとめるのが、調査者の技量であり力量だ。その自覚もなしに安易に調査にかかるのは大バカタレのドアホで、そもそも調査の能力がないのである。

理論より実践

とはいうものの、はなしを聞くだけでわかるほど簡明でなく、具体的には実践してみるほかあるまい。マルクス曰く「理論より実践である」というわけで私は、できるものならなんでも実践してみた。商売はタマテンヤ、歯イレヤ、ボロカイ、串焼き屋、回転焼屋、氷屋、射的屋、塩干屋、果物屋、瀬戸物屋、乾物屋、ヤシ、小間物問屋、反物問屋、文房具屋、八百屋、株屋、オガミヤ、郵便屋、機械屋と、二十業種を越える。

女の方もやってみなきゃわからねえと、六十ババアから九つの女児《べべ》まで、肥えたの、太ったの、細いの、やせたの、高いの、短いの、美人からブスまでしゃぶってみたということになるが、これは誇大妄想の気があろう。

しかし結婚したのは四十近くなってからで、若い盛りには特高の刑事が「お前、何人、お女こしらえとったんじゃ」とあきれたくらいで、さすがに勘定しきれなかったらしい。おとに聞こえた特高の調査網をもってしても、その全容がつかめなかったのだから、まあ相当のものであったのだろう。といっても田舎の「夜這い」民俗や下町の「ウラツキアイ」

「うら夫婦」民俗がわからなかったからで、シモジモのオトコとしては自慢するほどのことではあるまい。

それにしてもともかく実践してみないことには、ただはなしを聞いたり、聞き書を読んだぐらいでわかると思うのはバカというほかないだろう。私にしても競馬、競輪、競艇となると、これはもう完全にお手上げで、電車やバスのなかで二—六、三—四がどうのこうのと激論しているのを聞くと火星人の喧嘩かとびっくりする。あれだけの熱意をもって実践すれば、世の中のこともなんでもわかると思うが、そうでもないらしい。だからこそ私のようなモノシラズが大口たたいておれる、さとってみれば、世の中そんなもので大したことない。

大したことないが、丁稚小僧、子守女中奉公にしても、やったことのない連中には、その実態がわからないのが当然である。同じく丁稚の、ボンサンのといっても、盲目縞《メクラ》の着物に、紺のマワシ帯、角帯となると呉服屋、小間物屋など高級商店の店員、同じく盲目縞でも厚司《アツシ》となり、三尺帯かベルトの帯になると、廉売市場の下級使用人ということになった。

女中にしても同じく盲目縞の紺で、色物や長袖は絶対に認められない。とはいうものの、大店《オオダナ》の女中か、そこらのナミの女中かは風袋《フウタイ》でわかった。したがって丁稚、女中といっても高級と下層では雲泥の差がある。そもそもの契約から日常生活、商業経営の教育、実習まで大へんな違いであった。下層でもクニュウ扱いの丁稚や女中となると、これはもう最低の非常民階層といってよかろう。

待遇をめぐるトラブル

口入屋のオヤジや番頭が、求人側の条件を出してこれでどうかということで話がすむ。口文書として残すことは殆んどないから就職してから条件が違うと喧嘩になるのも多い。口入屋がいわゆる仲人《ナコウド》グチで、ええはなししかしないからだが、そのかわり奉公人の方も口入屋がこういった、ああいったと、いいもせんことをならべて条件闘争をする。口入屋がまとめた契約条件は叩き台であって、就職してから双方がはなし合って慣行化するのが本物の契約だが、文書化することはなく双方の口頭契約ですんだ。まあ契約というより申し合わせである。

当時、家庭内に風呂は殆んどなく町内の銭湯を利用した。そこで業種によって三日目に入湯を、二日目、隔日入湯に改めよというような要求になったり、一日、十五日の休みを十日毎の三休にせよ、あるいは週休にせよと待遇近代化闘争に発展させる。一般の市中の小商店街では午前五時、六時の早朝から、深夜の十時、十一時まで開店というのもあったが、七時、八時の開店、夜は八時、九時の閉店という要求が強くなり、実働十二時間が普通になった。賃金も月に五円ぐらいの小遣いであったのが、五円の積立で実質的には十円に値上げ、そういうことでいつのまにか待遇条件も上昇する。労働争議が起こったわけではないが、やめて行くものが増えてはどうしようもあるまい。丁稚、女中の超零細企業における待遇改善というのは、こんな具合で文書による契約でないから、当事者以外にはわからんのは当然であるが、それでありながら当時の社会経済条件に対応したといえる。

しかし超零細企業として店員の部屋を個室にするなど望みえないから、家族との共同生活を本源とすることになれば、家族共同体の異分子としていろいろの矛盾も発生せざるをえない。一般の商店では店の間があるから、奥の二間、台所となり、女中は台所でねさせるが、丁稚はねさせる場所がなかった。丁稚、手代を使うとなると、どうしても二階家か、中庭のある平家が必要となる。つまり商売が大きくなれば、それだけ家も大きくせねばならない。二階を店主家族がとれば、階下に女中が台所、店の続きに丁稚がねる、平家の庭の奥は主人と家族、台所は女中、店の間と続きは丁稚の寝間になった。店によると中間に中二階を造り、女中たちをねさせるのもある。

ピンからキリまで多様な商店

豪商などといわれて丁稚小僧でも十人近く、女中も上女中、下女中に分かれ、通いのまかない婦も使うということになれば女中頭も居るし、まかない頭も置くというのもあり、こうした豪商のうちでも巨商になると幕末頃から主人一族は中之島、淀川べりに別宅を建てて移り、明治中頃から上本町台地、夕陽丘などの近郊といっても今は市街の中心だが、そういう土地へ移り、明治末大正初めから住吉、都島、天王寺などへ替わり、阪神、阪急、京阪、南海など郊外電鉄の発達に連れて堺、浜寺、御影、住吉、豊中、池田、宝塚などに別荘を建てるようになった。こうして別宅、別荘のある土地を調べるだけで、豪商たちの発展の歴史がわかる。そういう別邸ではまかない女中、上女中、小間使いなどだけで、男は雑役の通いや別荘番ぐらいにすぎない。

商売人といっても、こうした超豪商級から心斎ばしなどの繁華街、場末の小商店街、零細市場街、スラム街の超零細商店街と、下には下でいくらでも段階がある。まだ下には店、常設の店はもたないが、市場で仕入れた魚、野菜などを肩でかついだり、天秤棒で担って売り歩くボテフリ、ヨビウリ、ニウリなどがあった。地方から汽車、電車に乗って売りにくるのも、その形態は同じだが、こちらはハコビヤ、セオイヤ、チンヤなどという。他に定期的、または市日などに出店する露天商、夜店、ヤシなどもあってなかなか多彩である。

こうした商業群を一通り渡り歩くとしても大へんで、今日はさようならだけで帰っても、十年、二十年はかかるだろう。だから体験してみろといっても限界がある。ただ私の時代は古い丁稚→手代→番頭→別家→独立の体系が崩れ、商店街の構成も伝統を失い、零細小商店街や廉売市場経営が盛んになって、新旧の過渡的混乱が起こり、まあ、どの階層もテンヤワンヤで騒動していた。

巨商、豪商でも発展するほど古い丁稚では間に合わず、高小卒の新入を多数採用し寮に収容して教育する。とくに百貨店などは大量に必要としたので、日給または日給月給として、これを「小店員」と称した。大きい商店もこれにならったが、古い企業ではやはり丁稚という。古い口入屋の他に公共職業紹介所が現われ、この方は「小店員」を主として開拓、商業経営の近代化を目ざしたが、低下層の商店街、廉売市場群にそれを求めてもできるはずがなく、やはり古い「丁稚」で安く働く者を求め探さざるをえなかった。

そうした過渡的混乱時代に当たったからかえって口入屋が繁昌し、丁稚の大量激動時代を招いたのである。普通の商業経営史では、こうした激動に触れていないが、それは大経営だけが商業と思っているのと、研究調査をやる連中が高商や大学上りで、実情を知る目もないし、考えるだけの知能もなかったからだ。

私など丁稚は、こうした深海の最低層で起こった激動で海面高く放り上げられるかと思うと、奈落の底へ吸い込まれるというわけで、全くどうしようもなかったのである。それだけにそうした激動を肉体的に叩き込まれ、体験させられたというほかあるまい。

丁稚、女中など最底層の奉公形態にオヤダシ、ミモトウケ、クニュウの三形式があるといったが、最低使用人層の丁稚、女中にもこれで大きい差別があった。オヤダシはシキセ、小遣い銭支給ぐらいであるが、その店でいうと手代→番頭→別家へ昇進し、譜代の家来筋になる。ミモトウケには同じ形式をとるものと年季奉公とがあった。クニュウは殆んど年季奉公で、だいたい半季、一年季の契約になり、いわば臨時雇いの奉公人である。

つまり譜代、外様、渡りというわけで、その待遇にも差があった。もとよりミモトウケの年季からオヤダシ格に変わるのもあるわけだが、クニュウの年季から殆んど出ない。前借金は殆んど出ない。というのは前借金は殆んど親権者へ渡されるので、本人の意向で変えるのは難しいのである。ところが激動でオヤダシとミモトウケのオヤダシ格の差がなくなり、ともに一定の給料をもらうことになって、これをジマエ（自前）というようになった。つまり「小店員」化である。

これに対して年季奉公はシタバタラキ、オイツカイなどといって雑役風に変えられてきた。こうした二極分化の発展とともに、口入屋でもジマエが中心になるように変わり、年季奉公はすくなくなるとともに雑役人夫や下働きの裏門口入屋ができる。それが更に進むと「学歴」の昇格現象が起こり、店員は中等学校卒以上、女店員は高等女学校卒というのが百貨店を中心にあっというまに普及し、高小卒では自前であろうと職工、雑役夫級に落とされた。これだけの変化が大正十年ぐらいから昭和二、三年ぐらいまでの、僅か六、七年の間に起こったのだから、まことに激動の時代というほかあるまい。

倒産の三形態——ミセジマイ、タチノキ、ヨニゲ

社会経済情勢となると不景気と不作の経済恐慌段階で、大商店、大企業も倒産したが、一般市中の商店街、場末の零細商店街、廉売市場でも倒産が盛んになり、これにもミセジマイ、タチノキ、ヨニゲの三様式を生じた。ミセジマイは公然と商品、家財を処分、ともかく借財の始末もつけて解散する。タチノキはミセジマイほど公然の処分をしないで、知られないように処理してから退去した。ヨニゲにはカラニゲ、マルニゲ、オキニゲがあり、カラニゲはわからないように商品、家財を処分して、借金などは残したまま逃散する。つまり家をカラにするわけだが、親類や隣近所、借財先にもある程度の了解をとった。マルニゲは全く、気配も見せず、むしろ盛業中に見せかけ、ある日、突然に店を明けず、調べてみると家財、商品が全く消えているのはもとより、どこへ立ち退いたかもわからないという完全逃亡である。オキニゲは商品、家財などを殆んど残置し、それをセリにかけて分割し（ブワリ）借金先に支払ってもらうので、最も良心的ともいえるし、殆んど了解ずみであり、逃散の儀式といえるだろう。まあ、ヨニゲにもこのくらいの型があり、丁稚や女中に対する処理も違うということになる。

譜代の居る豪商級ではないから、この店はもうあかんぐらいわかると給与、退職手当ぐ

らい払わせてやめた。どうしても都合がつかないと商品を渡したり、カケを譲るのもある。勿論、ボヤボヤしていて無一文で放り出されるのもあった。ひどいのは連帯保証させておいて逃げるのがあり、あとあとまでせめられていたのもある。同居しておれば主人、家族の生活、性質もわかるから、経営情況が悪化するのもわかるので、すこし賢い者なら早く脱出するだろう。譜代奉公の連中はそういう見透しがにぶいし、義理もあるというので失敗するが、クニュウの連中は渡り奉公だから危ないと思えば早く脱出する。

クニュウ出入の渡り奉公の連中が集まると、いろいろとこうした情報も交換して、主家の品物、取引先を利用した売買などでかなり焼け太り、食い逃げをやる方法も伝授してくれた。これはもう詐欺に近いもので、しょうことなしに手伝ってやるとちゃんとワリをくれる。

かわいそうなのは女中働きで、殆んど年季でなくなっていたから、着のみ着のままで放り出されるのがあった。これは平素の心がけも悪いからで、丁稚などの店員と仲よくしておれば、そのぐらいのワリは取ってくれる。

ある例では主人の奥さんの注文というので呉服屋から衣類、反物をカケ買いさせ、ドサクサまぎれに逃亡させたが、わからないままになった。倒産になれば、そのくらいの買物まで調べが廻らないし、わかってもそのままになる。

丁稚、手代級の渡り奉公人であると、親や妻子と同居や家族もちは殆んど居ないから、かなり離合集散も自由であり、なかには友人仲間の仁義に堅いのもあって困っていると助けてくれた。そうした相互扶助の機能もあったので、必ずしも粗暴で無知の連中というのではない。

当時、船場に多かった国内貿易、満州、朝鮮、上海、台湾、南洋などへ見本品を集めて売りに出たが、これも主人、番頭、丁稚ぐらいの零細企業が多く、集団を組んで注文を取って帰ると、荷物を送るという零細貿易業者であった。これらの店員たちのはなしによると、得意先の争奪は当然として、持っている見本を見て良いとわかると、見本を見せないで口だけで注文をとってしまうとか、見本の荷物をかくすとか、いろいろとやったらしい。譜代、外様型店員が主であったようだが、クニュウの渡り奉公人たちは雇主、店主をだますことはやったが、仲間を売ることは殆んどしなかった。女をとった、とられたと大喧嘩はするが、だまして得意先をとることはまずやらない。お互いの話し合いで譲り合うことはあるが、たいてい顧客の方が離れる場合が多く、それでもウラではなしをつけた。廉売市場や小商店街の渡り奉公では、いつ、どこで会うかもわからないこともあるが、そうした最低のモラルは守ったのである。

千差万別ある女中

丁稚、小僧の周辺情況が激動したように、子守、女中の世界も同じ社会環境の変動で激変した。大正末頃までは、大阪市中でも子守、女中などは殆んど年季奉公である。だいたい年季といえば一カ年契約で、「半季」は六カ月契約になるが、古くは正月から盆、盆から暮れに分かれ、いささか長短があった。ともかく盆というのも盆前、七日盆、十三日ぐらいの差があり、暮れも二十日、二十四日、二十九日などと少しの差が雇主や地方によってできている。また女中にもいろいろと階層や種別があり、かなり複雑であった。

東播地方の農村や大阪の市中の例でいうと、第一種が行儀見習、殆んど契約ではなく口約束の申し合わせが多く、小間使いというのもある。第二種はオナゴシで、口約束、契約があり、口約束ではアヅカリ（預り）といい、調理、家事などの見習、教育が主であり、雑用の使役ではない。「行儀見習」と変わらないともいえるが、実家の格はややおちる。田舎の地主や大阪の豪商などでは、ちょっと預かっている娘《コ》です、などと挨拶した。家によっても違うが、豪商では分家格出身以上をミナライ（行儀見習）、別家格の娘はアヅカリとしたのもある。分家は一族であり、別家は奉公人の独立したものであるから、主筋とケライ筋との別であった。

田舎の地主の家でも同じであるが、ミナライとアヅカリをムスメぶんという村もある。更に分家、別家より格の低い家から雇われるのには、シコミがあり、これは契約もあった。家事の訓練を頼むということで雑役に使われるのもあり、アヅカリ以上を上女中とすれば、シコミ以下は下女中になる。それ以下の純然たる雇用奉公人を播州あたりではタナモト、ナガシなどといったが、大阪ではヤトイというのが多い。年季、半季の契約が殆んどであるからネンキともいった。ただし女中としては、この層が中心で俗にいうオサンドンである。しかし、その下に更に労務を主とする女中があり、それをマカナイといい、多くは日給の通いであったからカヨイともいった。

当時の官庁の格でいうとマカナイ、カヨイは雇人、ヤトイ、ネンキタナモト、ナガシ級は雇員、シコミは普通文官、判任官である。アヅカリ、ミナライ級は奏任官、高等文官に相当するわけで、女中と一口にいってもこれくらいの大差があった。ただし、この各階層の女中を揃えているなどというのは百町歩ぐらいの大地主、多額納税級の豪商であって、そんなにあるものではない。ヤトイ、ネンキ級の女中を三、四人も使い、マカナイが一人でも居れば、かなり大きい地主、豪商と見てよかろう。

とはいうものの農村や被差別部落の老人、老女たちからの「聞き書」を読んでいると、女中、乳母、子守というだけで、それ以上の分析をしているのは殆んどない。丁稚、女中といっても、このくらいの階層と、民俗的にも差別があるので、被採取者の環境や実態を調査、解析するのを目的とするなら、せめてこの程度の聞き取りをしなければ役にたたないだろう。当の丁稚、子守、女中奉公の人たちは、恐らく殆んどこうした自らの階層や序列については知らないと思われる。だが、それは採取者、調査者の無知無能であって、底層の人たちの生活、実態を知りたいのであれば、このくらいの知識は最低の準備といわねばならず、この程度でもわかっておれば、いろいろな角度から質問して、おおよそにしてもかなり確度の高い資料が採取できるだろう。

断っておくと、当時の雇い主、口入屋などはこうした階層、序列によって待遇、給与を決めたのであるが、当の本人に説明することは殆んどしなかった。その頃の当事者にとっては年季の期限、借入金額、シキセや小遣いなどの待遇条件がわかればよかったのである。だが双方か、一方で不満や違反を起こして問題化すると、口入屋、または親権者と雇用者の間では契約によって争われることになった。というのは大袈裟にいってみただけで、だいたいは口入屋か、仲介人が雇用者の都合がよいように解決を押しつけ、「まあええがな、他のええとこ探したるからしんぼうしいなあ」で一件落着になる。

まあ、そういう世界だが、ときどき大へんなインテリ夫人が、私も若いときに女中奉公しまして大へん苦労しましたのよ、などとおっしゃるので、ちょっとカマをかけてみると、ミナライ、アヅカリ級や、ムスメブン格で「花嫁修業」にすぎない。こんな娘を預かると、使っている方が、「かえっていろいろと気をつかいまして、もうこりごりでございます」

などとボヤいている。そうして令嬢級のお遊び見習は別として、いわゆる女中の主力であるタナモト、ナガシ作業の中心、シコミ、ヤトイ、ネンキの人たちとなると、これはもう人生の荒波修行というべきであった。ただ女中奉公といっても、雇い先によって千差万別で詳しく書いていると大へんだから、概要にとどめておく。

オオダナの実態

いわゆるオオダナ、つまり巨商級の木綿、毛布、綿糸、小間物、反物、洋品雑貨などの大問屋が、まだ船場、本町、堀江などに残っていた。これらの巨商たちも第一次大戦後、次第に近代化されて、住宅兼店舗型から店住の分化がすすみ、経営者及び家族が別宅へ移り、また支配人や番頭なども借家へ住み、店は営業用店舗とし、手代、丁稚などだけをねとまりさせる型と、丁稚、手代などは寮を定めて寄宿させるし、番頭は借宅から通勤させることにし、元の店には経営者と家族だけが住んで、店も近代的に改装する型に分かれる。しかし更に進むと、経営者と家族も郊外の邸宅へ移り、純然たる店舗となった。旧幕時代からの伝統であった店舗と住居とが統合されていた型式は、ここで断絶したわけで、もう殆んどわからなくなっている。

私は市中の小商店の丁稚で、殆んど休日も手当てもないぐらいにこき使われるだけなので、知り合いになったゴリョニンサンに頼んでみると、堀江の反物問屋へ紹介してくれ約一年ばかり丁稚奉公をした。そのうち肺尖カタルということで帰郷したが、一年ぐらいでまた上阪、果物屋へ奉公、ここで船場の綿糸問屋のオイエサンと仲よくなり、いろいろとオオダナの生態を教えてもらう。勉強が好きなら勉強したらええとすすめてくれ、母親とも相談、学校へも行ってみたが面白くもなし、そのうち女との悪い噂が流れてまた丁稚奉公へ復帰、オイエサンにはいろいろ世話になる。そのうちまた療養というので帰郷、しばらく勉強して中央郵便局の役人になって、やっと安心させると早くお嫁さんをもらえとすすめてくれた。

まあ、そんなことで市中の小商店、廉売市場より知らなかったわけでない。反物問屋、綿糸問屋でも、番頭ともなると眼を閉じて品物に触れるだけでその色がわかった。ほんとの話であり、指先に感じる僅かな温度の差でわかるらしい。郵便局勤めをして一年もすると第一種郵便物、即ち書状、封筒を軽くしごくだけで現金、または郵便為替在中がわかった。巷間では針を差して調べるというらしいが、田舎の特定局ならいざ知らず、都市の二等局以上の者ならしごくだけでわかる。なにごとにも極意があり免許皆伝をもらわぬと名人になれない。

一家・分家・別家

こういう巨商級になると一家《イッケ》・分家・別家などが多く、その序列が難しかった。一家は本家と、その同格の家との集団、たとえば兄弟とか隠居分の家を含む。分家は新しく兄弟、姉妹の分かれた家であり、別家は奉公人が独立を許された家で血縁関係がなく、いつまでたっても譜代の家来筋としてあつかわれる。盆、正月などの行事、冠婚葬祭などのときには、それぞれ本家へ出仕の義務があり、着席の座、挨拶の仕方、献上品などにまで、いろいろと難しい慣例があった。私の頃には、まだそうした慣習が守られていたし、古い奉公人や経験者もいたからよく教えてくれたのである。

そうした慣習は、戦後に殆んどなくなったらしい。豪商級の本家格といっても業種、規模、伝統などいろいろで、それによって経営形態、奉公人、待遇なども大差があるけれども、だいたいの平均的な経営規模を想定、概略をしめすと、店員の主力となるのは「手代」で、これが十人から二十人ぐらい。番頭が五、六人で、そのうち通い番頭が二、三人、そのうち一人が支配人になる。手代のうち二、三人が「助《スケ》」、つまり「番頭補佐」になった。丁稚小僧は数人から十人ぐらい。業種によると二十人、三十人というのもある。呉服、小間物屋などの大きい「店売り」を主とする小売業に多い。ざっと概算して四十人ぐらい。

このうち通いや行商、出張もあるわけで、常住三十人ぐらい。主人と家族を十人とみれば、日常四十人となる。それだけの人たちの日常生活を維持するために働く「兵站」方が、「女中」オナゴシ、オサンドンであった。

これだけの大店になると、日常的に「客」や「客アシライ」も多く出入し、これは主人一家と同待遇になる。更に大切な「上客」になると、これは主人や番頭が料理屋、芸妓屋へ連れ出して接待した。しかし他方では荷物の運搬、配送、倉庫への出入で、かなりの人夫、手伝い人たちが働きにくる。これには弁当持ちもあるが、まず一食や二食を支給することになるのも多い。したがって相当に大量の給食、その設備、人員を必要とした。まあ簡易食堂ぐらいの設備と人員がないとさばけないが、いまのように水道、ガス、冷蔵庫、炊飯器などがあるわけもなし、すべて人力でまかなったから、相対的な人員はかなり多くを必要としている。当時でも冷蔵庫はあったが氷冷、つまり氷でひやすのであまりよくなく、長持ちしなかった。それはともかく、こうした大店の裏方、給食および食料管理、部屋などの清掃、手代、丁稚など仕着せの衣料、調達、布団などの整頓、その他、いろいろと生活的な雑作業があり、その取り扱い、処理の機構と機能について考えてみたい。

女中の機能と構造

「女中」の構造、機能を概説すると、最高はお客さん扱いの(1)「行儀見習」であるが、これも具体的にはいろいろで、ほんまにお嬢さんのお遊びの相手、ゴリョニンサンの遊び仲間みたいなのから、「花嫁修業」のオシコミで一般女中と変わりないのまである。この人たちは衣類その他一切を自弁、小遣いも実家からもらってくるので、なかには日常の必要品、夜具まで持参するのがあり、部屋も独立してもらっているのもあった。その店で支給してもらうのは三食だけで、これも米を二俵、三俵と送ってくるのもあり、親からいえば授業料ぐらいの感覚であろう。

この級の第二段は「小間使い」で、これも親との関係で頼まれたというのが多い。ただお遊びが目的ではなく、主婦としての実務を見習いたいというので他の女中と同じ待遇になる。ただし主人または主婦が気に入って一般の女中から選別して引き上げるのがあり、主人の「夜這い」の相手にもされた。

第三段はヘヤガタ、イマガタ、ザシキガタなどといわれるもので、これは「女中」として主人、主婦、隠居、コドモなどの部屋、居間の清掃、管理を主とし、雑用に使われる。まず三人ぐらいで、一般の女中から選別されるものが多く、まあオヤダシであろう。別家などの娘で修業というと、小間使いやイマガタにして教育する。「行儀見習」は常時居るわけでないから、「小間使い」が実質的には最高になるだろう。

これらの特長は、主婦の直接の指揮下にあることで、「女中頭」に支配されることはない。いわゆる「上女中《カミ》」「奥女中」で、一般に女学校卒という学歴も多かった。彼女たちは原則として男の使用人、番頭、手代、丁稚などと日常的に接触しないし、また下女中《シモ》とは別部屋になるので「夜這い」の対象から外される。なにごとにも例外があるから。絶対にとはいえないけれども、まあ難しいということだろう。

(2)は女中頭、店によって名称は変わるが、江州系ではシハイ、オナゴシシハイが多く、河内系ではキモイリ、女中キモイリが多かった。通常の女中から年功で出世したものが多く、殆んど独身であるが、店によって結婚し通勤する者も稀にはあった。もう三十を越える者が多くなるが、年季奉公出身は殆んどあるまい。

(3)はタチカタ、タチヌイ、ヌイカタなどといわれる裁縫方が一ないし二名、ツクロイカタ、衣類などタチカタは衣類だけでなく、ノレンなどから足袋まで裁つ技術者の修理が一名ぐらいである。中級の店は俗にオハリ（お針）というのが多く、一人でかねた。主人一家から奉公人を合わすと四、五十名になり、その仕着せや布団などの寝具を新調したり管理する役で、季節替わりになると多忙でとてもさばき切れないので外注するのが多い。主人一家の晴れ着類は殆んど外注であるが、日常着《フダンギ》は縫わさせるのが多かった。つくろいも着物類、足袋、ふとんなどはツクロイカタで処理する。タチカタは裁断、ヌイカタは裁縫ということで分業、タチヌイは一人で両方をかねることになるが、普通の店ではタチヌイとツクロイがおればよい方で、だいたい裁縫がツクロイもかねた。しかし明治の中頃にはオイエサンなどと協力して自店の女中だけでなく、近所の娘や女中も集めて教育した家もあったようで、お針子塾になったのである。上女中とここまでがタタミ敷きの間で作業するから、俗に「座敷働き」といった。

上女中待遇、あるいは「座敷働き」級として臨時に任用されるのがオンバ（乳母）であるが、「子守」コモリ、モリコは丁稚待遇となる。大阪のように古い伝統のある商店群には、それなりに機構が定着すると、またそれに応じて機能が分化し、店員、女中、マカナイなども専業職能化されていた。いまでも「女中」といえばなんでもやらされていたと誤解しているのが多いが、一人か、せいぜい二人ぐらいより使っていない店はその通りであろう。しかし十人近くも使うことになると、これはもうオモテ（表）に対するウラ（裏）として対応できる機能をもたぬことには経営が難しくなる。

この下が(4)タナモトガタ、俗に「板の間働き」で、これは人員も多くいわゆる「女中」奉公の主力であった。タナモトは食事の配膳、給仕などをし、ナガシは食器の管理、支度、洗いなどに当たるが、それぞれ二、三人ぐらい配属される。また「女中見習」というのを使っている店もあった。だいたいオヤダシ、ミモトウケで採用され、中級以下の商家から頼まれたシコミもある。板の間の作業が中心で、番頭、手代、丁稚などの世話が主であったが、このタチヌイとタナモトをナカハタラキ（仲働き）といった。

(5)クドガタ、ニワシゴトなどといわれる「庭働き」は、「女中」としては「最底」であり、俗に「下女中」とか「下女」と称される。うちクドガタは飯炊き、俗にママタキ、ニモノガタは副食物、俗にミソタキ（ミソシル）といい、チャガタは茶、湯、酒など飲料のコシラエ、管理《サバキ》ということになった。漬物などはニモノガタか、チャガタが扱うのが多い。各班に二名ぐらい配属、いわゆるオサンドンである。しかしマカナイガシラの支配とし、人員を交流させて減員する店もあった。殆んど半季、年季のネンキ奉公で、いわゆる年季女中である。「板の間働き」の女中と別にねさせる店もあるが、合同でねさせる店も多く、「夜這い」の主な対象となった。昔の「夜這い」の解説をするのもなかなか難しいもので、私のようにどうしていかにして、彼女たちは「夜這い」させてくれたのか、あるいは「夜這い」を楽しんだのか、合目的的、あるいは当為的かつ伝統的に経過したのか追究しようとし、かつ実践し理論と実践との統一的把握をなし遂げた者にして、初めて可能であったといえる。

わたしの民俗研究

強固な封建的商業機能が、近代的産業資本化の侵略と抗争、敗退する過程において、封建的習俗の維持と解体に苦悩、半封建的習俗として、一半の共同体的性格を基盤として存続せしめつつ、ブルジョア的自由恋愛の新しい建設を志向せんとしたのが、わが「夜這い」習俗の都市における展開の実態であった。昔とった杵柄のなんとやら、わが「講座派」の残党といたしましては、このくらいの難解な理論構成ぐらい屁をこくまでもなくやってのける。しかし、これではオメコ、チンポの話をしても、かんじんのチンチンが起立してくれまい。インポではしょうがないからせいぜいすぐ勃起するように配慮して書くことにする。ほんとは「講座派」的論文にする方が楽であるしごまかしが効く。「博士」の学位論文に推せんしてくれるのがいるかもしれんが、バカにもわかるように、面白いように書いてやると、エロ本と同架、安っぽい話にされるのだが、まあいまさら「博士」に色目を使ってもしょうがなし、せいぜい学問的ワイ談をいたしましょう。わが読者諸君、大阪の商業経営機構と機能、つまり番頭、手代、丁稚の、あるいは一家、分家、別家、店《タナ》貸しなどの機能についての調査、研究は、昔の高商、商大の教授どもが、ともかく文書、記録を基にして調べもし、報告したものもある。しかし「女中」制度を、このくらい系統的、構造的に解明したのは、これが最初の論文であるといってよい。引用するときには本書によると明記しないと、盗作として告発すると脅しておく。

　まだまだ記憶力旺盛であるから、どこの問屋、ここにあった廉売市場の某商店、あそこの商店街の某店などと書けるが、それではオイエサン、ゴリョニンサン、嬶たち、姉ちゃん、お女中どもに迷惑がかからんともいえんし、丁稚仲間、年季奉公の女中さんたち、マカナイのおばさんたちからの伝聞もあるから、まあそれぞれ根拠があるということにしておこう。昔の高等小学校一年生、今の中学校一年生ぐらいから、他人の話を聞くのが面白くてよく記録を作るようなクセをつけた。祖父や祖母の昔話を書いてみたり、いろいろと今でいう「部活」をやっている。丁稚仲間にケシかけて「郷土研究」の同人雑誌『史潮』を発行、これは手書の原稿を綴じただけだが、当時大阪で著名な『浪速史談会』はもう古くさいというので、新たに『摂津史談会』を設立、活動を開始したのだから驚く。といっても休日に自転車で「名所旧跡」「神社仏閣」を廻る程度だが、それでも性的信仰にも目をつけ、なかなかええ線をいっている。

そのうちかわいがってくれるオイエサンが、「お前、そんなことが好きかいな」と心配、木谷逢吟、青木月斗さんなどに紹介してくれ、歌舞伎や俳句のはなしを聞かせてもらったが、いずれも巨匠とされる先生方であるから、とてもまともに聞かせていただくだけの知識がこちらになかった。今から思うと残念だがしょうがあるまい。しかし「歴史」の方の先生も探してくれて、どういうことで知っていたのかわからないが、ともかく当時、大阪高等学校教授であった佐古慶三さんを紹介してくれ、この方にはよくお世話になった。他に在野の研究者として後藤捷一さんとの仲も、とりもってくれている。この方も、どうして知り合っていたのかわからないが、ともかく「うちのこどもだが、妙なことが好きなので、お仲間にしてやって下さい」と頼んでくれた。佐古慶三さんと後藤捷一さんとは、戦後も逝去されるまで御厚誼を得ており、思えば長い長いおつきあいである。

オイエサンにはだいぶんあまえてみせていたらしく、いろいろと本も買わせ、「栗山史学研究所」をでっちあげ、後には「関西総合自然史学会」を創立、そこらの若い者を引き入れたのだから、相当のワルであった。女中たちに「夜這い」をかけたり、お姉ちゃんとねんねするぐらい序の口である。まあそれであったから、昔の大阪の商家群の表も、裏もわかったのだろう。丁稚奉公の渡りぐらいでは、とてもムリなところまで経験している。

最底辺の女中たち

さてクドガタ、ニワシゴトまでは、ともかくその店の従業員であるが、(6)マカナイガタ(臨時雇用型のもの)があった。いわゆる日雇い稼ぎであって事実としては常用であるが、形式としては臨時雇用の人夫である。マカナイガタが数名も居るとマカナイガシラ一名を選出した。マカナイガシラは男の店が多いけれども女の店もある。だいたいが通勤制の日給であったが、女の場合には住み込みの人が多かった。まあ「板の間働き」級の待遇である。

(7)マカナイガタは、コメガタ、ニモノガタ(煮物方)、ツケモノガタ(漬物、味噌、塩など)、タキモノガタ(燃料)ぐらいに分科、それぞれ男が一名ぐらい配属された。

(8)はイドガタで、またミズシというのが多い。ミズシ、水仕とも書き、もともとは「御《ミ》厨《ズ》子所《シドコロ》」であるが、近世の大阪や周辺では井戸の管理、使用、洗米などの作業をする女中やマカナイをいった。女中の少ない店では、ミズシを女中にやらせるのが多い。イドガタ、またはミズシをクミガタ（水汲み）とミズハコビ（水運び）、ハコビガタに分けたのもある。水汲み、水運びは重労働なのでだいたい男の仕事であるが、水汲み作業を女にする店も多かったらしい。もともと水を支配する神さんは女性で、水仕事は女の役ということだ。水を使っての日常の作業で多いのは食器などの洗いもの、洗たくなどの洗たく方、張りほし（シンシを使うので、シンシガタ、ハリガタなどともいう）など、各女一人ぐらいの配属になる。ただしシンシガタは、タチヌイガタ、ツクロイガタがするのも多い。

これでだいたいの台所、ウラの女中を主とする機構とその機能を解説したことになる。おおよその計算では二十五人か、三十人ぐらいになるが、断るまでもなく代表的と思われる大店《オオダナ》の明治末か大正初め頃に年代を設定して、復元、推理してみたので、その後、水道、電気、ガスなどの普及でかなり人員削減が進んだ。しかしかなりの余剰人員をかかえ込んでいた店もあり、古い伝統はなかなか抜けなかったらしい。ある伝説によると台所の女中だけでも二、三十人、その店が倒産する直前の昼飯も人夫その他、数十人に提供したそうである。いわゆる物産問屋になるとそれほど多くの男店員、出入の人夫、女中などをかかえて経営していたわけだ。しかし台所、ウラの女中、マカナイの人夫などを支配し、指揮するのはゴリョニンサンであって、表の旦那さんや番頭は絶対に口出ししたり干渉しない。

10 オイエサンと性

ゴリョニンサンとオイエサン

ゴリョニンサンが若くて経験不足と見れば、老練な女中頭をつけて相談させた。オイエサンは隠居か後家さんになるが、賢い人はゴリョニンサンと対立しないように、口出ししないのはもとより相談をかけられても女中頭にさばかせるか、ゴリョニンサンの姉妹にしっかりしたのがおれば相談させるようにして、なかなか苦労している。バカなオイエサンであるとゴリョニンサンに口出し、対立して嫁いびりをやり始め、夫婦仲を悪化させ、遂には店までめちゃくちゃにしてしまう。

そういうのを見ていると、やはり伝統の古い店は代々の慣例を見て育っているから、自分が不幸にして早くオイエサンになっても、その対処の仕方を知っている。しかし女中、芸妓、看護婦などいうのが当主に惚れられて結婚ということになると、ゴリョニンサンにすえられてもどうしょうもない。そこでオイエサンによりかかってしまうか、喧嘩するよりしようがなかった。そのうちはまだよいのだが、自分がオイエサンになるともう勝手気ままにするか、嫁いびりをやって家も店もつぶしてしまう。

老練なオイエサンは必ずゴリョニンサン時代から信用のおける女中頭を作っている。それを後の世代に譲っておけば口出ししなくても、なんとか新しいゴリョニンサンを立てながらやってくれた。まあ「女中頭」というのはただの女中の大将でなく、ゴリョニンサン、オイエサンたちの「参謀」役もしたのである。もとよりどこの店の「女中頭」も同じというこことにならぬが、「女中頭」のしっかりしてないような店は、まああまり将来性を望めまい。隠居のオイエサン、つまり旦那さんが隠居したので、ゴリョニンサンの跡を譲って自動的にオイエサンとなった人は、だいたい六十歳以上になるから、そう問題を大きくするような条件が乏しいといえる。しかし三十代、四十代で主人が急死、他動的にオイエサンになるといろいろと難しいことが起こった。

三十代では子供があってもせいぜい十五歳ぐらいで、尼将軍になるよりしょうがない。まあ支配人や番頭がしっかりしておればなんとかしてくれるが、そのしっかりした者と仲よくなるとまだよいのである、それが下手して下位の番頭、手代と仲よくなると勢力争いになって、一家、分家、別家が大集合、親族会議ということになり、支配人などのしっかり者を追い出すともう前途は長くない。幸いにして新たに若い坊っちゃんに賢明な「後見人」をつけ、オイエサンと若いツバメか愛人は別宅で別所帯にさせると、なんとか納まることになる。オイエサンと愛人の根性によってはもめることもあるが、土台のしっかりしている店ならなんとか切り抜けられるだろう。

四十代になると子供は二十五歳前後で、娘なら養子をとって孫もできている。息子でも結婚して、これも孫の一人ぐらいあるだろう。もうゴリョニンサンの後継者はあるのだから、後を譲ってオイエサンになればよい。伝統のある店のオイエサンならそうしている。しかし成り上り者《モン》となるとそこまでの覚悟がないから、いろいろの故障を起こす。二十後家は立っても、三十後家は立たず、四十後家は家まで潰すという諺があるし、三十サセざかり、四十シざかりというのもある。ともかく三十代、四十代で後家さんになったオイエサンは性的生活の面で最も危ないということだ。

賢いオイエサンは丁稚を連れて別宅へ

賢いオイエサンはゴリョニンサン時代から家、土地、株などを積立て、後家になっても困らぬように用意するし、後家になった段階で主人の形見分けで老後に心配ないだけのものを分けさせる。すこしでも余裕のある店ならまあ多少の「隠居分」は分与した。それでもオイエサンによっては店や台所へ口出しをして、息子や嫁を困らせて喜ぶのもあるし、別宅へ役者や芸人、坊主、店の番頭、手代を引き入れて「御乱行」、新聞種になるのも珍しくない。これも少し考えのあるオイエサンであると店の番頭や古い手代に手を出さず、若い手代か丁稚を連れて別宅へ出た。まあ手許に使って気ごころもわかっているから、というが、あまり商売気がなくがめつく儲けようとしない、商売人としてはむしろ失格に近いが、性格は好ましいというようなのを選んでいる。古い番頭、手代であると、本店乗っ取りの野心を起こし、お家騒動の種をつくったりしかねない。しかし二十にもならぬ若い手代や丁稚なら、そうした野心を起こしても成功するものでなし、自分の「隠居分」だけでなんとかしのいでくれるというのが本音だろう。

ただ三十代後半、四十代の後家さんになると、二十前後の若い手代、丁稚では性的に満足できない人もあるわけで、そうした人は必ず問題を起こしている。ひどいのは妻子のある番頭を引っぱって同棲、女房へは生活費だけ送らせているのもあった。けれどもオイエサンに相手をさせられる若い手代、丁稚にしてみると、これもたまったものではあるまい。十歳から十五、六歳ぐらい離れているのはまだよいが、二十歳以上も離れておれば、お婆さんのお守りに一生かかってしまうことになる。

これもものわかったオイエサンなら、二十五、六歳になれば結婚させて家を立てさせ別家にしてやった。

エロ川柳の「芋田楽」は娘に養子をしてやって、その養子と通じるはなしである。「芋畑、親も子もとるふてい奴」これは養子の方が積極的だが、「芋汁はいやかと養母膳を据え」「狸婆々養子を入れておっかぶせ」などは後家の方が積極的に出たのだ。いずれにしても後家になったオイエサンが、本宅に頑張るとこういうことになる。

養母が孫を生み

そこで若い丁稚、手代を連れて家を立てると、「けしからぬことは養母が孫を生み」とか、「とんだ嫁わが子も産めば孫も産み」ということになった。ただし川柳のいうのは本宅に居とどまって、娘の養子をとりあげて、その子を生むことで、丁稚、手代あるいは愛人を連れて自ら隠居したオイエサンには、これは当たらない。しかしコドモができる人も出るのは、やむをえないだろう。

まあ主人のコドモを産んで、後家になって若い愛人のコドモを産めば「孫」みたいなものになる。昔はともかく大正末、昭和初頃の噂では、本人のコドモにすれば私生児になるし、丁稚のコドモにすれば庶子になった。それはかわいそうだというので、自分の姉妹、叔母伯母などに頼んで入籍してもらうのが多いらしい。コドモの一人や二人ぐらい増えて生活に困るわけでなし、お互いに世話になることもあるというので気楽に都合をつける。もとより育児料は送るというのもあるが、名儀借りをしただけで育てるのは自分でする人もあった。こうしたときに父方を重く見ると「別家」格、母方を重くみると「分家」格になるが、オイエサンの実力、後継人の判断ということだろう。

しかしオイエサンが公式に別居しないで役者、芸人、番頭などと通じてコドモをつくると、これは「不義の子」になって、問題が複雑になる。オイエサンが家つき娘、つまり養子とりであれば、どうしようもないということになるが、嫁にきていたのなら実家へ帰らせるともめるのもあった。後継者が実子でない場合などは、手切金を出して追い出す。そういう例もあったので、オイエサンが遊ぶにしても、そのへんを考えておく必要があった。ただし、恋は思案の他というので、とんでもない事件になるのもある。

いまオイエサンについて解説したが、ゴリョニンサンでもいろいろと問題を起こすのがあって、ある店のゴリョニンサンが、書生と恋愛して駈け落ちしたというので有名になった。イトサンにいたっては、これはもう娘さんであるから、自由にしていただくほかあるまい。

ともかく伝統のある古い大店のオイエサンには、あまり表へ出ないようにしながら、賢明な処世をしている人もあった。古い梅田女学校出身というので、当時としては高い教養も受けているから、新しい知識もあってなかなかの人材もある。

堀江、新町、船場、本町などの古い店のゴリョニンサン、オイエサンには、いろいろの趣味の集会もあるし、京都・大阪などの呉服店、装身具店などからの商品展示の誘いもあって、なかなか多忙ともいえた。一流の料理屋、芸妓屋、旅館などで、芸妓、役者、芸人、師匠たちがいろいろと芸を見せたり、ご機嫌をとったわけで、なかなか盛大なものである。

　酒食はもとよりだが、彼や彼女たちの特別サービスもあったようで、踊り、お花、小唄、お茶などの男の先生や役者、芸人たちと特別の関係ができると、役者が出演したり、昇進するといろいろと出費が多いらしい。茶、花などの師匠たちになると、これも発表会だの展示会などの後援でだいぶしぼられる。最も安くつくのは落語、漫才、小唄、浪花節などの芸人だが、これは相手によっては手を焼くことがあるので、賢い女は手を出さないそうだ。こうした役者、師匠、芸人の、とくに名が出ているのをイロ（情夫）にするとハバは効くが、見物や観客、聴衆を集めるのに苦労している。ただしそういう人たちのイロにも一級から五級ぐらいまでの差があるようで、出資や動員で成績を上げると級が上がるらしい。ゴリョニンサン、オイエサンともなると下級では面目が立たぬと勧誘に大へんである。たいてい商品の展示会などで因縁をつけられたので、賢いオイエサンは若い手代、丁稚を愛人待遇にして連れ歩く。まあ、そういうのを連れて行けば、悪すすめはしないということだ。

役者のコドモの筆下し

　昔は昔で、商品販売にいろいろと苦労したわけで、とくに呉服屋などは役者、芸人、師匠などと組んで、搦め手から誘うのが流行していた時代である。しかし、そうした安手のやり方は店として恥かしいという人もあって、まだ幼い、少年ぐらいの役者、芸人、師匠たちのコドモや弟子たちを愛人《イロ》にして、その芸能が上達し出世するのを後援してやるという女傑型もあった。なかには少女になりきらない女児の水揚げをやったように、男になるまでのコドモの筆下しをしたのもいる。とくに大阪は盛んであったようで、オイエサン仲間の噂やその頃の芝居茶屋の仲居や女中さんたちの評判などを聞く機会があった。もとより伝聞であるからどこまで事実かは保証しない。また私がまだ二十代前であったから、それほど念入りに聞いたわけでもなかった。芝居茶屋の仲居や女中であった人たちのはなしは、上方郷土研究会で紹介してもらった人もあり、かなり確度は高い。

まあ概略すると、一流の役者のコドモが九、十歳ぐらいになると、もう女の味をおぼえさせるために、ゴリョニンサン、オイエサンの人選をやった。コドモが一人前の役者になるまで後援してもらうということで、大阪でも一流の巨商級から選定する。昔の天皇や公家のソイブシに当たる役だが、黄道吉日を選んで一流の料理屋、旅館などに宿泊、一夜のチギリ、つまり筆下しをした。当日のコドモの衣裳、寝具、道具など新調、もとより自分の衣裳その他も最高になるが、役者の一門一族への手当て、関係の茶屋、旅館から芝居茶屋に至るまで、上から下の女中まで祝儀袋を出すから、大へんな出費らしい。私などは貧之暮らしなので、大いにふん張ったつもりで、五、六千円ぐらいかかったの、といったら、芝居茶屋の仲居さんに、アホな、けたが違うと笑われた。仲居さんも十万円から上は、わからないそうである。

いまのなんという役者は、どこのゴリョニンサンが男にしたとかの噂も多く、早いのは八歳ぐらいから筆下しさせ、もう十歳になると殆んどすんでいるらしい。役者の家の方でカネが要ったりするとムリするらしく、いろいろと噂はあった。茶屋の仲居さんでも八つ、九つぐらいのコドモでもできるのだろうかというのもあったが、田舎のコドモなら十三になれば教え方で射精をしている。八つ、九つぐらいになると嬶どもがチンポむいたろ、とおっかけ廻し、筆下しのマネぐらいやっているし、娘の水揚げと違って、男の方は筆下しの練習をいくらやってもわからぬのだから、九、十にもなれば一応のことはできるのではないか、と教えてやったらそれでわかったこともあると感心していた。役者にも名門から名も出ない者まであるわけだから、その各段階に応じてそれぞれの「筆下し」があったわけだろう。

いわゆる「役者買い」に血道をあげるのも多く、そういうのに応じた筆下しもある。仲居さんたちが、あんな女人《ヒト》に筆下ししてもろたらアカンわ、というのもあった。まあいろいろと聞いたことはあるが、なんともいえないのもある。

女形の水揚げ

役者でも女形《オヤマ》はコドモのときから「女」で育てるのだそうだが、これは「筆下し」と「水揚げ」をやることになるらしい。どちらが先かは人によって違うだろうが、水揚げも九つ、十から遅くとも十二歳ぐらいまでにすむようだ。ただ「筆下し」と違って、「水揚げ」の方は娘と同じであり、だいぶん苦痛が大きいのもあっていろいろと噂を残している。桃割れ髪の女装をさせたり島田にしたりして、全く女、娘と同じ情況にして楽しむので、水揚げも本物の娘より高くつくのがあるようだ。相手も実業家、政治家、華族というわけで、まあ「男色」としては最高というのもある。

こうした幼年時代から「筆下し」「水揚げ」で鍛えるのだから、役者になるのも大へんな修業だ。面白く、楽しめる相手ばかりでないだろうから気の毒ともいえる。われわれ俗人なら買いにきてくれるのもいないが、田舎の「夜這い」、町の「女遊び」にしても、嫌いであれば誘わなければよい。正直にいうと「乞食の自慢」に同じで誰も誘ってくれるのがいないのだ。

ナニワのゴリョニンサン、オイエサンにもいろいろの型があるわけで、政府から修身の見本に表彰されるような型もあるし、一年忌もたたぬうちに手飼いの番頭、手代と再婚する型、正式に届けはしないが同棲する型、若い丁稚、手代と同棲して隠居する型、役者、芸人などに入れ揚げる型、乱行して店まで潰す型などまで、いろいろというほかあるまい。

しかし、そのうちに、いかにもナニワのオイエサンらしい身の処しかた、貞女の鑑などと精一ぱい頑張るでもなし、人の噂になるほどの乱行するでもなし、性《セックス》を初め、いろいろ楽しみもしながら、ええオイエサンでおます、と世間からしたわれる生き方もある。女傑だの、女親分だのと奉られる人柄でもなし、そうした育てられかたもされていないから、どことなしにおっとりしたところはあるが、いざ店や家の危機になると動じないで指揮をとり、潰れるにしても、さすがはといわれるような鮮やかな倒産をする、させるという外柔内剛型のオイエサンもあった。

特色のあるナニワの商家というのは、主人、旦那衆、番頭たちだけで作ったものでなく、その奥のゴリョニンサン、オイエサンたちとの連立商権であったと思う。いままでそうした見方をしようとしなかったから、オイエサン、ゴリョニンサンの歴史的性格と意義が無視されていた。つまり男だけで作ったり、作られた世界でなく、女たちとの協力で造立されていた世界という認識である。いま、そうしたゴリョニンサン、オイエサンの歴史と活動を発掘するのは、極めて難しい。すべて男の歴史、男の世界のなかへ埋められてしまったからである。そうした歴史の空白を、少しでも取り出せないかというのが、私の目的であり、仕事としたい。

11　商家の構造

台所のつくり

ナニワの商家というのは武家でないから、極めて自由な考え方、身の処し方をしていた。しかし一面からいえばナニワの商家、商権を支えたのは、ゴリョニンサン、オイエサンだけではない。そうした人たちを更に支えた底辺の女たち、すなわちオナゴシ、オサンドン、マカナイ、コモリなどの女たちである。彼女たちの生活と、その実態を少しでも解明して、ゴリョニンサン、オイエサンの基盤を発掘、日本の女性史の暗黒面を照射したい。まあ、こうした大げさな広言は、あんまり好きでないが、オメコ、チンポのはなしばかりでは、色キチの老爺のネゴトと思われるだけでも困る。そういうこともあるというはなしだ。

私がしばらく世話になった堀江の反物問屋は商家としては大きい店であったが、とくに台所は立派である。台所も広いし、頑丈な構造に特色があった。台所に接してすぐ井戸屋があり、石だたみの中央に径一間の井戸があって、天井から鉄くさりの釣瓶《ツルベ》がかかっている。きれいな水を出すのに十五、六間も掘ったということで、井戸掃除も大へんであった。私の頃はもう水道が主体であったが、使わぬと水が腐るというので洗濯やマキミズは井戸水である。井戸を埋めようという意見も出たが、水神さんの祟りがあるとか、どこかの商店が埋めて潰れたということで中止したらしい。たしかに夏になると冷たいし、冬は温いし、水質も良かった。淀川の水道は夏になると、生で飲めたものでなく、ときどき節水、断水もある。そうなると古い井戸とその水は頼りになった。井戸を埋めると不時《フジ》があるというので嫌ったのだが、水道の方に不時が多いのだから文化もあてにならない。

しかしクド、ヘッツイサンというのは、殆んど昔のままに残されていた。外角にホウラクなどで、煎りもの用の高い、やや大きいクド。これは立って作業する。それから横に低く小さいクド、普通に煮炊用に使うのが五基ならんでいた。これも立って作業するが、長い時間の要る煮炊きになると、前に小箱などを置いて腰掛けしながら仕事をする。これは主として主食や副食の煮炊きに使われ、だいたい二升釜が使われる規模であり、茶釜もかけられた。他に小物の煮炊き用で運搬用、保温用などのためにコンロを数個、置いてある。その一隅に木炭俵、豆炭袋、焚木などの燃料置場があった。

台所と部屋に接して広い板の間があり、板の間の土間に接する端、上り口は腰板をとりつけ、上り段になるとともに腰かけにも使われる。奥の一隅に頑丈な作りつけの戸棚があり、膳や各種の食器、茶器、箸その他の用具を収納した。井戸屋との間には大きい「流し台」があり、水桶が置かれ、ザルなどの竹製品がかけられる。井戸屋は三方が吹き流しで、一端が石の流し台になり、ここで洗米などの大洗いや食器などの洗いをした。その奥に大倉三棟、小倉一棟、隅に土造りの炭倉ということになっている。

なぜ、こうした構造になるのか。大倉三棟は納屋型の一棟がならび、米、麦などの主食用、いわば店主の私用品を入れる倉であった。他に納屋型の一棟がならび、米、麦などの主食用、漬物、塩、味噌などの主画、焚き物、燃料などの一画、雑用品を置く一画がある。

内湯と大湯

井戸屋に対して湯殿と便所があったが、これは奉公人用で、主人や家族用の湯殿、便所は奥に別にあった。

ただし湯は「大湯」、つまり奉公人用から運んだので、主人や家族の「内湯」がすんでからでないと、「大湯」は使わせない。たいていは湯が一つで、主人や家族が入ってから奉公人が使った。入る順序も決まっていて、主人、息子、ゴリョニンサン、娘、オイエサン、行儀見習、小間使いということになる。奉公人の湯も番頭、手代、丁稚、板の間の女中、庭働きの女中、マカナイの順で廻ってきた。大湯は三、四人ぐらい、内湯は二人ぐらい、同時に入れるようにしているのが多い。しかし居宅内に「湯屋」のあるのは少なく、たいてい町の銭湯を利用させている。主人一家だけの内湯はあるが、奉公人は銭湯というのも多い。こうした店宅共棟型の家屋は、建築図でしめすとよいのだが、いま適当なのがない。

大阪も中心区は空襲で殆んど焼失し、戦前の家で残っているのが少ないようだ。ただ、高麗ばしの三越から南に近く平野町あたりの角に、昔の巨商級店宅共棟、蔵屋敷のあるのが残っている。極く最近まで残っていたが、最近は潰すのが早いからどうかわからない。特別保護建造物の価値はあると思うが、できたら残したいものだ。地代だけでも大へんだろうが、貧之人が心配してもしょうがあるまい。ただし内部の構造がそのまま残っているかどうかはもちろんわからないのである。

ともかく大阪でも大正後半から店の部分の改造がすすみ、商売のやり方も変わった。大正前半はまだ「店売り」は、「座売り」が多かったのである。店というのはノレンをかけ、内庭の広いのと狭いのが業種でちがい、奥へ通り庭になり、外庭へ出ると商品倉庫がならんでいた。商品倉庫には「内蔵」みたいな造り、つまり傘をささずに雨が降っても行ける型もある。

店は「表の間」ともいい、一段と高い台になり、そこで番頭、手代が座って幾組かの客と見本を中に商談、商品は丁稚が倉から出してきた。その奥に「結界」「帳場」があり、支配人が居るという構造である。

差別のある食事内容

従って台所も複雑で、同一の食事ですむなら、主食用と副食用の大きいクド二つぐらいですむ。だが㈠主人と家族、お客用は上等米、㈡番頭、手代、座敷働き、板間働きは並等米、㈢丁稚小僧、庭働き、マカナイ方、人夫は麦と混食と主食が違うと、それぞれ副食の内容も変わるし、漬物から湯茶まで差がつけられた。したがいましてクドやコンロがたくさん必要になり、オナゴシやオサンドンも人数が多くなる。

食事の内容が違うのにつれて、当然にも食事の場所、食器、膳、作法まで違った。主人と一家は居間、中の間、客は客間、番頭、手代や上女中は相《アイ》の間、板の間にタタミやゴザを敷き、番頭、女中頭、スケは座ぶとんを敷き、高脚膳を使うが、手代や並女中は平膳で、座ぶとんは使えない。メシビツ、ナベを運んで女中が世話する。丁稚小僧は、それでも幹部候補生だから板の間で座って、中央にメシビツ、ナベ、漬物、茶などを囲んで食事をしたが、まあ平膳ぐらいつくだろう。

一時は箱膳が流行したときがあり、これは自分で洗いなどの後始末をする。他の庭働き、ミズシ、マカナイ、人夫などは腰板にかけるか、腰かけをして食事をしたが、膳は使わず、クド、ナベから直接に盛った。これは代表的な例で、業種、店の伝統などで、いろいろと差は出るがしかし大筋としては変わらない。

番頭、手代、丁稚小僧に比して、女中や下働きが多くなる原因だが、井戸、クド、コンロで食事を調理していた段階ではやむをえないだろう。ミズシの経験によると井戸水の汲み上げ、運搬、補給でも大仕事で、女ではきつい作業なので男のマカナイが手伝ってくれたそうである。マカナイ方のなかには包丁の使える人もあり、魚などの料理をしてもらった。

水道が普及するまでは、夏になると北浜、堂島、本町、船場、新町、堀江などの中心地区へ、水を要《イ》らんかと売りにきたそうで、家の中の井戸の水が使えなくなったらしい。まあ炊けば使えるわけだが、どうしても生水《ナマ》が必要なときは買った。生駒あたりの湧水を水舟で運び、川岸について桶に担って売り歩く。生駒山脈の水行場や水呑み大師、薬師水などを調査した経験では、確かに生駒山から信貴山に至る山の湧水は良好で、夏場でも腐らなかった。水呑み大師登山道の改修、拡張で崖を削ったら大溢出になり、小溝に流れていたが、六甲などの水と変わらぬほどに良好である。明治中期に水道がつくと、それだけでミズシやマカナイの奉公人も減ったのだろう。いずれ詳しいことは他の機会に書いておきたい。

丁稚小僧にもオヤダシ、ミモトウケ、クニュウがあり、オヤダシより使わない店もあった。伝統ある店はオヤダシに限ったり、郷里からミモトウケを選んだが、市中の小商店ではクニュウからネンキで雇ったものも多い。大正後半になると殆んどネンキはなくなり、クニュウからも雇いに変わった。とくに廉売市場など零細企業では年季の一時金など払えないから、急速にヤトイへ変わったが、女中奉公だけはかなり後までネンキが残っている。

しかし、この頃からカフェー、バアが繁昌し始めたので、女中奉公へ出た階層の娘、女たちがカフェー、バアなどの女給へ転進したので、一時は女中不足で騒いだこともあった。

それまでにも小作、水呑み百姓の娘、女たちは市中の商店などのネンキ金ではどうしょうもなく、よい方で女工契約、ひどいのは酌婦、女郎へ売られて漸く息をついたのである。ところが女給商売が成立するようになると、非常に手軽に就職、退職ができるし、毎日いくらかの現金収入もあるということで、はるかに魅力的であった。

こうして大正後半から昭和初にかけて丁稚、女中を主とする年季奉公は廃絶に追い込まれ、零細町工場の見習小僧なども年季奉公が急速に後を断つようになっている。工芸や曲馬団などの年季契約も衰退し、いわゆる年季奉公は絶滅したとみてよかろう。多くの丁稚、女中をかかえて経営されていた豪商たちも、会社を独立させて、経営店舗と住居とを切り離し、従業員も商店員として自宅から通勤させるように改めると、自宅で使う女中など、せいぜい二、三名でよいことになる。

他面では一人か二人ぐらいの女中、家政婦を必要とする中流階層が増大したわけだが、これもネンキの一時金負担ができないから、年季奉公は極めて特殊なものを除くと絶滅したとみてよかろう。

呼び名と差別語

これまで「女中」と書いてきたが、戦後は「お手伝いさん」ということになった。「女中」が差別用語であるとすれば、「下女」「年季奉公」「ネンキ」などはまさに人身売買的な内容があるし、一般奉公人との差別も大きかったのであるが、どのように表現すればよいのかわからないので旧称に従っておく。戦前の「女中」は、ここに書いたように階層差も大きいし、待遇も違うのでとても「お手伝いさん」ではまとめ切れないから、歴史的名詞として認めてもらうほかあるまい。

ついでにいうと、「丁稚小僧」も大へんな差別語の一面があり、後に「小店員」になったが、芝居などでは「丁稚どん」になる。しかし実際に「丁稚どん」といってくれるのは、低階層の女中やマカナイガタの人たちぐらいで、たいてい「丁稚」か、通名《トオリナ》「○吉」の呼び捨てであった。

昭和初め頃まで商店の使用人には通名がつけられ、実名でよばれることはない。業種や個々の商店で伝統による差はあるが、一般に丁稚には「○吉」、手代には「○助」または「○七」、番頭には「○之助」「○蔵」などとつけるのが多かった。つまり「○吉」とよばれておれば丁稚、「○助」といわれておれば手代とわかるし、「○之助」どんといわれておれば番頭である。だから通名を聞くだけでその身分がわかった。

女中も本名を改められて、その店の通名に代えられたが、座敷働きには「○子」、板間働きには「○枝」、庭働きには「お○」とつけるのが多かった。「○子さん」などとよばれていると上女中、「○枝さん」は中女中、「お松どん」となると下女中、すなわち「下女」である。家によると春枝、夏枝などと季節名をつけ、お松、お竹、お花、お梅などと人が代わっても、通名を襲名させるのもあった。

昭和初めでは、大阪の商店では場末の商店街、廉売市場など零細企業でもやっている。「○○」とか、「○○君」と実姓をよぶようになったのは、「通勤」が普通になってからで、それだけ封建的民俗が遅くまで実存していたのだ。

歴史的事実としていえば、鈴木商店の金子「直吉」は丁稚時代の通名であるし、野村証券の初代、野村「徳七」は手代時代の通名を残したのであり、株屋の島「徳蔵」は番頭時代の通名を変えなかったものらしい。差別民俗を誇りに代えた人たちもあったわけで、その人の意志によるほかないが、大多数の奉公人が差別と感じていたのも事実であった。

なお大阪では芝居でするほど、「丁稚どん」といわず、一般には「ボンサン」である。オイエサン級でも、私用の丁稚を「ボンサン」とよんでおり、「丁稚どん」は極めて稀であった。通名のときは「直吉」などと呼び捨てだが、丁稚など同輩やオサンドン、オナゴシ級の女中は「直吉どん」と「どん」をつける。手代以上になると佐助さん、忠七さんなどと「さん」づけになった。なかでも番頭、とくに支配人級になると、主人や一族、家族、来客でも呼び捨てにせず、「さん」をつけ、それだけ権威をもたせたのである。丁稚の「ぼンサン」、坊主の「ボンサン」、息子の「ぼん」などと、なかなかいい分けは難しいが、馴れるとわかるようになった。

丁稚のしごと内容

丁稚になってやらされる作業は店によっていろいろといえるが、まあ店前の道掃除、店内の庭掃除、荷解き、荷造り後の掃除と帚《ホウキ》を使うことが多い。拭き掃除もさせるが大店なら女中の仕事になる。そこで帚を握っているのを見るだけで、丁稚の年季がわかるということになった。掃くのを見れば、よほど鈍感な人間でもわかる。帚で掃くといっても、松葉のような細いもの、広い大きい葉の多いもの、荷解き、荷造りのように縄やワラ、紙、木片などの混じたものなどの種別によって帚の使い方、掃き方が違うし、中央や広い場所と、隅とか、角とか、小溝の中でも帚の使い方、掃き方が違う。

当たり前のことだが、素人衆のやっているのを見ると、殆んど同じ調子で掃いているのがわかる。それで素人衆の帚の柄の握り方を見ると、両手を上下にして握っているのがわかるし、上と下とがほぼ同一の力で、同一の方向に動かされているのがわかるだろう。しかしプロの丁稚は、そんなことは絶対にしない。同じ帚の柄を握っているのだが、上の手と下の手とは握っている力も違うし、動かせる方向も異なるし、動かす角度も違う。それでありながら一本の帚として、掃除の現場の情況に応じて自在に活動する。だから見ていても、軽がると帚が動き、木の葉やゴミ類が吸いつくように集められているのであった。

丁稚になった当座は、アホらしい、たかが帚でゴミを掃くぐらいに、お家流もあるまいと怒ってみるのだが、手代や先輩に怒られ、なぐられ、蹴られているうちにだんだんと要領がわかってくる。わかってみると力まかせに掃いていたのと、お家流では掃いた後の仕上がりがすでに違う。番頭やお客さんが見ても差は瞭然で、なるほどと感心した。

その頃、大和や京都の寺へ行って小僧や坊さんの掃き方を見ていると、やはりお家流である。ところが戦後、とくに四十年代になってから寺へ行ってたまたま掃いているのを見ると、殆んど俗人と同じやり方で、仕上がりが悪い。恐らく住職で小僧から叩き込まれたのがいなくなり、もうお家流がわからなくなってきたのである。それに後継の住職が殆んど世襲化し学校出ばかりになってきたから、そんな修業をする気もさせる親もいなくなったのだ。もう電気掃除機を使えばよいでしょうというわけで、聖も、俗の商人たちも手掃き修業はやらなくなったのである。帚で掃き飛ばした石が、戛然《かつぜん》と鳴ったのを聞いて大悟したなどというのは、もう遠い神代の夢物語になった。

水上勉さんに尋ねてみたら京流《ミヤコ》、寺方流とナニワ流、店方流《タナ》の違いがわかるかも知れない。なにを、アホをというかも知れんが、あるかもわからんぞ。

お店によってある流儀

上方では、「三十三カ所御詠歌」にも京流、大和流、河内流、丹波流などと流派がある。若い頃は耳もよく聞えたので競演会の審判もやったが、婆さんや後家はんたちに、あんたはフシや鈴の手振りをよく見んと、顔や身体を見て点をつけていると膝をつねられたり腕をひねられた。

なんでも流儀があるの。あるぜえ、あの方も星田流、富田林流と違うそうである。河内音頭のことかと思っていたら、女の抱き方にもいろいろ流儀があり、それにまた四十八手、またウラ、オモテだから、教えてやろうかといわれても、生命《イノチ》の方が危い。えらいことになったと思っていると、「あんたバスや電車にも流儀があるんやぜえ」「そらおまっしゃろ。二八とかD51とか」「ちがうがな次は梅田でござーいます、あれやが」「ほんまかいなあ」「よう電車に乗っててわからんのか。〝次は布施、ふせで、ございまーす〟これ大軌(近鉄・奈良線)や、〝次は三宮、でござい一まーす〟これ阪神や、〝次は梅田、梅田でございまーす〟これ阪急や」「アホらし」「ほんまやぜえ、よお聞いてみい。市バスと青バス

（私バス）とでも違うんや。〝次は日本ばし一丁目、一丁目でございまーす〟これ青バスや、〝次は日本ばし一丁目、日本一〟これ市バスや」「省線（国鉄）はどないやねん」、「オーサカ、オーサカです」。なるほど、いろいろと流儀があるもんだ。一ぺん競演会やらせてみるか、といっても、もうしようがない。

まあ、一般の市民、町民の間にも、いろいろの流儀が発生し発達していたのである。帚の持ち方、掃き方にも流儀があるのだから、オサンドン、オナゴシ衆のウチハライの持ち方、ハタキカタにも流儀があるし、ゾウキンのしぼりかた、拭きかたにもお家流があるそうで、ちゃんとしたシツケをしてもらっているか、ゴジャな家で働いてきたかすぐわかるそうだ。

もっとも大店《オオダナ》、豪商級になるとクニュウモン、ナガレモンはオナゴシガタには使わない。いわゆるオサンドンの庭働きかマカナイガタである。丁稚小僧では、普通、現金をさわらせるような仕事はさせない。手代になって、漸く現金が扱えるようになる。下級の商店街、廉売市場などになると、今日雇った新米丁稚にでも現金をさわらせないことには商売にならない。それだけの差がある。

一人か二人ぐらいの女中、それもクニュウヤからネンキ、ナガレモンを雇っても、マカナイや庭働きだけというのでは効率が悪い。そこで台所仕事から部屋掃除までさせてこき使うことになる。それですむとよいのだが、鏡台やタンスの中に入れておいた奥さん、オカミサン、オイエサンの女持ち時計や指輪、ヘソクリなどがなくなっているという騒ぎになった。騒いでみても出るわけはなし、女中を代えることで納める。こうした騒ぎもあんがい多い。

そこで豪商では行儀見習い、小間使い、預り、娘分などという高級女中、ヘヤガタ、イマガタなどという上女中級を主婦直轄にして部屋、居間などの管理、掃除をさせ、女中頭の指揮下の中女中、下女中級は絶対に入らせなかった。かりに入室させて仕事をすることになると女中頭がついて監督する。それをしないで事故が起こっても、ゴリョニンサン、オイエサンが悪いことになった。まあ、帯じめ一本盗んでも百円だが、それに相応した衣裳など揃えられるはずもない。しかもなおそうした盗難騒ぎも起こるそうだ。

口入屋も、そうした事件を起こされると、すぐ信用にかかわってくるから警戒し、噂の出た者とは手を切るようにする。

イロゴトは問題にしない

しかし店主の女房や娘を盗んで逃げたとか、ボンと駈け落ちしたとか、番頭、手代、丁稚と仲よくなって放り出されたとか、芸妓や女郎買い、女給や酌婦遊びが過ぎて解雇されたとかいう、いわゆるイロゴトによる事故となると苦笑してみせるか、もっとうまいことやらんかいと激励してくれた。それほど男と女との性的関係による事故、事件、騒動は問題にならない。必要があれば中に入って納めたり別れさせたりもして、頼めば他へ紹介してやった。

多いのは世話した女中が店主と仲良くなり、女房がどうしてくれると尻を持ち込んでくる型で、これは珍しくないほどある。店主の女房と番頭、手代、丁稚が仲よくなっても、口入屋へ尻を持ち込むのは殆んどいない。というのは、男と女との性的関係、性的世界が、大阪あたりの商店界、商業圏では、一夫一婦的教育勅語型倫理とは違ったということだ。

男と女とが同じ場所、同じ家に住んでおれば、性的関係を生じても当然で、それをどのようにさばくかが当人の腕次第ということになる。主人や番頭が女中や下女、女店員をモノにしても、誰も褒めない。うまいことやりおったぐらいの反応である。しかし手代や丁稚級がイトサン、ゴリョニンサン、オイエサンをオトすと、これはえらいやっちゃということになった。

それでわかるように番頭、手代、丁稚などと女中頭指揮下のオナゴシ、オサンドンたちとの間は、自由に解放されている性的空間ということになる。それが具体的にどのように行われていたかは、その店の規模、伝統と、時代によっても違うから、一がいにはわからない。

女中への夜這いは普通

しかし大正末、昭和初頃の女中、子守、雑役婦などのはなしでは、口入屋へ田舎から風呂敷包み一つでころがり込んでも二階で食わせてくれたが、その代わり台所仕事を手伝うし、夜になると主人、番頭、手代が夜這いにきたそうだ。田舎で夜這いぐらい珍しくないから、そう気にしないが、田舎の夜這いなら相手が殆んどわかっている。だから初めは気になるが、ネンキでなくても殆んど一年季で出替りさせる店が多いので、こんなものかということで気にしないようになるそうだ。

口入屋の主人、番頭に気にいられるようにしておけば、よい奉公口をくれる。丁稚は寄宿中の間代、食費をとられるが、女中はどうかと問うと、やはり間代、食費を請求するそうだが、気の強い女は、もう払ってあるやないかと断わるのもあるという。まあ口入屋にも、女中にもそれぞれ思わくもあり、魂胆もあるということだ。

明治末から大正末までには、まだネンキ奉公が多く、店主たちのなかには身柄とも買った気で、女中と遊ぶのを当然の権利と思っていたのもある。これは田舎の地主たち、紡績・製糸工場など女工を使う工場主も同じで、年季の間はどのように使っても自由にできると思っていたのだ。

まあ、女中に貞操などという上品なものはないというのが一般の考え方であるから、顔の品評で雇うのもあり、その夜にすぐ夜這いをかける。小商店であると女房の監視が強い店では、番頭や手代級が先に乗った。女房の方も主人が帰らないと番頭や丁稚を誘うし、主人が女中に夜這いするぐらい気にしないのもある。馴れた女房になると、うちは丁稚とねる、あんたは女中とねたらええと番頭に指図するのがあって、性交と妊娠との因果関係などかかわりがないらしい。

さきにいったような巨商、大店級となると店《ミセ》の間、ケッカイ（結界）の裏の間がだいたい手代、丁稚の寝間になるが、店の間を夜は寝間にする店も多かった。女中たちのうち高級女中や上女中は奥の部屋でねるが、女中頭以下はタナモトの板の間と部屋とのアイノマにねるのが多い。しかしそれは、その家の構造、配置で違う。が、原則として台所に近い部室《ヘヤ》で、板の間にゴザを敷いてねる店もあり、これは店の間が板敷の店では丁稚も同じである。

いずれにしても六畳ぐらいの間に十人前後の女中がねるし、八畳ぐらいの間に十数人の手代、丁稚が合宿した。手代の古参や番頭は別の部屋にねる店もあるが、ともかく一間に十人ぐらいがねる。昔の店は、大阪では店の間の下の内庭が、台所まで直通しており、使用人の便所は外の庭にあるのが多い。したがって夜中に丁稚が起きて便所へ行くことになると、好むと否とにかかわらず女中たちの寝間の前を通る。夏はカヤを吊る店が多かったが、それでも大胆不敵とより形容のできないような寝相を開陳しているのがあった。日中《ヒル》の仕事が激しいので疲れが出て前後不覚になるからで、十四、五から十七、八までの若い女に多い。まだ腰巻だけであったからすこし股を開くと開帳になる。昭和初めになるとズロースが普及してきたけれども、まだ一般化せず、とくに底層の女たちは都市でもなかなか使わなかった。

戦後、洋装が主流になって、初めて一般に装着するようになったのである。戦時中のモンペにはいろいろの型式があったけれども、ズロースの類はしないのが多く、モンペもあんがい防衛的ではなかった。作業には便利であるが、小用でも脱がなければならず、左右の合せ目から手を入れられるとどうしようもあるまい。そういうことで腰巻は、すぐ開帳になる。

こんな情景を一人が発見すると、仲のよい丁稚仲間を起こして、おい、ええもん見て来いと拝観に行かせるから、一ぺんに有名となった。もとより丁稚仲間の方には、更に寝相の悪いのがいたが、もうサルマタが普及していたから開帳はしない。しかし暴れるのもあって左右にねている者が困り、足をくくったりしたが、サルマタを下げて周囲をスミで塗ったり、文字や絵を書いてもわからぬのもある。こうしたいたずらはどこでもやっているし、好きな者はオカマもやっていた。

ただ田舎の若衆仲間のように並んで勃起測定、射精競技はやれるヒマがない。せいぜい夜の間にいたずらするぐらいである。しかしどこでも夜這いはやった。大店や店によって厳禁していたというのもあるが、店主や幹部にわからなかっただけで、あるいはわからないように見せかけただけで、女中二人、丁稚二人おれば夜這いをしていたとみてよかろう。

小商店では店主や女房、娘などを加えての夜這いになるので、女中と丁稚との単相でなくなる。小商店主になると、ネンキの子守、女中は身体まで買った気でいるのもあって自分も夜這いするが、丁稚にも夜這いさせた。店の売上ごまかされて女郎買いに行かれるよりは、夜這いで発散させる方がトクだという感覚なのである。

丁稚と病気

その頃、クニュウヤ出入りの丁稚、小店員奉公もやったので、同じ仲間がいろいろの情報をくれた。第一の中心話題は月給、といったが、それほどのものでなく「月手当」ぐらいに当たる。大正末ぐらいから、丁稚にも盆、暮れのボーナスを出す店が増えてきた。一般には「心づけ」といって五円、十円ぐらい渡す程度あったから、これは魅力がある。第二は定休日、まだ一日、十五日というのが普通であり、それも午前中は店や家の掃除をさせたり、家庭の手伝いをさせたりして、遊びに行けるのは正午からという、実質「半休」が多かった。しかしそれでは奉公人が居なくなるから三の日、七の日など月に「三休」が増えてきたが、まだ「週休」は極めてすくなかったのである。

一般の市中の小商店街の開店時間はまちまちというほかなく、業種によっても大差があった。牛乳屋、豆腐屋、魚屋、八百屋などは朝は早いが、閉店も早い。塩干屋、乾物屋、果物屋などはアイモノヤで、朝は七時、夜は八、九時頃に閉める。うどん屋、洋食屋、喫茶店などは正午頃と遅いが、閉店も十二時近くになった。呉服屋、洋品店、小間物店などは八時から、夜の八時頃までというのがだいたいの目安になる。すなわち十二時間ないし十三時間ということになるが、実働は朝の起床が早いと五時、遅くとも六時であるから十四〜十五時間になった。起きて食事して、開店を待つというのではなく、庭や表の掃除、店を開く準備にかかるわけだから、いわば早朝出勤で、実働時間に算入すれば、そういうことになる。

これだけこき使われるのだから病気が出て当たり前で、明治中頃から大正初めにかけて多かったのが、「脚気《カッケ》」である。田舎から都市へ働きに出てきた若者たちがやられるので、麦めしで粗食していた田舎者が、町へ出てきて白米を食い美食するから発病するなど、とええかげんなウソをいってごまかしていた。その頃、都市でも一等米の白米を食えるのはそう居たわけでなく、下層、底層の働き人や丁稚小僧は麦との混食である。そこで「脚気」になるのは、副食物で配合できなかったためで、塩気の多い味噌汁と漬物ではやられて当然だろう。

ところが大正中頃から急に激増してきたのが「肺病」で、あっという間もなく、「脚気」を追い越して主流になった。栄養のない粗食で、長時間こき使われたのでは「肺病」になって当然で、私の仲間の丁稚や女中で放り出されて故郷へ帰ったのも多い。私はそれほどマジメに働かなかったし、少しきついと思うとすぐ店を変わったので、あまり壮健でなかったにもかかわらず、どうやら平均寿命を越えて、こうした駄文を書いている。もう一つは田舎へ養生に帰らされたからで、「肺尖《ハイセン》カタル」というハイカラな病名をつけられ、三度ばかり帰郷して自転車で走り廻り、夜這いの勉強をさせてもらったが、女たちに「あんた、どこが悪いの」とひやかされるようになると、また大阪へ出て行った。

そういうことで、大阪の大店《オオダナ》の丁稚小僧生活の食事は、まあ犬猫のハミと変わらないといってよかろう。手代、番頭になると人間並になるが、それまで生命の持たぬ者も多かったのである。

しかし小商店や廉売市場などの小店員、丁稚、女中などは、殆んど主人や家族と同じ程度のものを食うから、大店よりはるかに良質の食事をとっていた。つまり小商店では主人や家族用と、奉公人用にわけて二種の食事を作るなどの手間をかける余裕がなかったので、主人や家族に一品や二品ぐらい上物を食わせたとしても、基本的に同水準といってよい。そんなことでどうにか「脚気」や「肺病」にならずにすんだ。

ともかく、それだけ長時間働かされたのでは、たまったものでない。大店では七時、八時に閉店すると、それから二時間ばかり、番頭や古い手代が師匠になってソロバンの勉強をさせた。そうして九時、十時になると就眠ということになり、殆んど自分の自由な時間はない。一般の小商店でもソロバン教育をするのはあるが殆んど勝手休みになる。同居の丁稚、女中や主人、家族と話をする程度で、本を読むといっても安物の講談本か浪花節の口演速記本を読むのが精一ぱいであった。昭和になってラジオが普及してきたが、主人や家族が聞く程度で、とても奉公人に自由に聞かせることはない。

すなわち食っては眠るだけで、たまの休みに新世界あたりの安い活動写真館、「映画」というのはかなり後になってからで、当時は略して「活動」といい、弁士の解説つきであるが、他に万歳、これも「漫才」はずっと後だが、そのくらいより娯楽がなかった。いや、ほんとはあったので、まず第一は女郎買い、次は飲み屋の酌婦や淫売ということになり、芸妓というのはちょっと丁稚、手代級ではムリである。

楽しみは女郎買い

そこで仲間がねてしまってから店を抜け出して松島、飛田あたりへ女郎買いに行く。市の中心に新町、堀江があったけれどもここは高かったので、遠くても安い遊廓へ行くことになる。そして五時、六時頃までに帰ることになるが、丁稚、手代にしてもよほど古手でないとこれはできない。

女郎買いなどの抜け遊びがわからないのかといえば、同じ部屋にねていればすぐわかる。しかし、いずれ自分たちも遊ぶようになると思えば、知らん顔をしているほかあるまい。番頭、手代の古手にしても同じように抜け遊びをしたり、やった経験があるから、よほどヘマをやらない限り、見て見ぬふりをしてくれる。ただ、それにしても丁稚、手代では、月に一度ぐらい女郎買いに行ければ良い方であった。

後はマスか、オカマということになるが、同じ家屋の奥のヘヤには同輩の女中たちがねている。丁稚、手代にしても田舎で「夜這い」の話を聞いたり、経験のあるのも多いから、「夜這い」に目をつけない方がおかしい。

夜這いのない店はない

こうして女中が二人以上もいれば、必ず「夜這い」をやっている。うちは絶対にやらさないなどと主人がいばってみたところで、ねないで毎晩、起きて監視できるわけではなく、かげで物笑いになっているだけであった。番頭の古手にしても主人の手前は、断じて許さんなどというけれども、かげでは「わからんようにうまいことせんかい」と教えることになる。こんなわけで「夜這い」のないムラなど、殆んどなかったように、「夜這い」のない店などなかった。独身の若い男と女が、同じ屋根の下で住んでおれば、極めて正常かつ必然の成り行きというほかあるまい。

ただしかしムラの「夜這い」でも似たように思うが、そのムラのいわば個性がある。同じような商店でも、その伝統や主人や幹部の考え方で個性が出るとみてよい。

だいたいの一般的な傾向としては、「夜這い」などという淫風陋習は許していないというオモテと、幹部の知らぬところでやっているのは、これは国にも犯罪があるように、どうしようもないというウラの意識である。女郎買い、酌婦遊びも身分に応じた程度で、かくれてやるのは見逃すという型。女郎買い、酌婦遊びは溺れやすく、店のカネや品物に手をかけることになるのが多い、夜這いは、その恐れが殆んどないし、うまく管理できる面もある、というので、ウラではむしろ奨励している型の二つぐらいに大別できるだろう。

やるなら「夜這い」などしないで半公然で女郎買い、酌婦遊びをしたらよいというのは、なにか問題を起こしてもカネで解決がつく。しかし女中と好きだの、惚れただのということになると、双方の親との交渉、結婚して退職するのならよいが、男が勤めたいといえば他の同輩とスキができてくるなどいろいろと問題が多い。だから昔は「不義はお家の法度」と放り出したものだが、今はそうもできずというわけで、「夜這い」はやめて女郎買い、芸妓、酌婦遊びの方が後腐れがない、と店の方針も変わってきた。

それには女中の雇用形態が変わってきたのも大きい原因になる。さきにいったように上女中はオヤダシ、ミモトウケだが、下女中は半季、年季奉公で入れ替った。夜這いの対象になるのは主として下女中であるから、いわば半季、年季の性奉仕もしてくれるしさせもできるのである。丁稚、手代とナジミになっても、半年、一年のことで、年季がくればそれでお別れになって、慰藉料を払えなどという騒動にならない。稀には私といっしょに、新しい店へ変わらないかと誘うのもあり、私も誘われたことがあるが、男の方はそれほど手軽にかかわれなかった。そういうことで店としても女郎買いなどに出られるよりも、店の内で夜這いしてくれる方が助かる。これが女中の年季奉公時代に、夜這いが盛行した原因であった。

夜這いが減った原因

しかし大正末、昭和初から年季奉公の女中が激減し、ミモトウケなどの女中が多くなってくると、半季、年季で交替するわけでなく、恋愛、妊娠などの問題も出て複雑となり、それなら女郎買いやカフェー遊びなど外で遊んでくれと変わってくる。私は年季奉公が主流で、それが急激に近代型女中に変革する時代に丁稚奉公をやったから、その変化を自ら体験したわけだ。

大店《オオダナ》といわれるような店であると、ミモトウケに連れて行かれ、まず番頭に会うと一応の身許調べをすませ一般的な注意がある。それがすむと主人の部屋に行って、初対面のあいさつをすました。主人は番頭の指導に従ってよく働き、よく勉強して一人前の商人になるようにという。これはどこことも殆んど同じだ。すむと支配人、他の番頭に紹介、いまでいえば営業部の各課長級に当たるだろう。次は手代連中でまずは係長級と思えばよい。その中で直属の上司、指導の先輩を紹介してくれる。それから大部屋の丁稚、小僧連と顔合わせをした。これが終わると「奥」ということになり、まずゴリョニンサン、ボン、イトサンたちにあいさつする。次は「隠居」ということで、オイエサンにあいさつするが、お茶を飲ませてくれるのもあった。次は台所で、女中頭にあいさつ、その紹介で居合わせた女中たちと顔合わせをし、庭へ下りてマカナイ頭にあいさつ、マカナイ、ミズシなどの女や男に紹介してもらう。これで一応の初対面のあいさつがすんだわけで、番頭は女中頭に渡して店へ行ってしまった。女中頭は茶を出してくれ、いろいろと身許調べをしてから、食事のときの座、作法、時間などを教えてくれる。終わると店へ戻って指導の手代に報告すると、荷物などの置く場所、ねる場所、その支度などを教えてくれ、丁稚の古参を呼んで適当な仕事を教えてやれと引き渡す。これから荷解き、荷造り、庭掃きと漸次、高級の作業を習得させられることになった。

これが、まあ代表的な例であろう。丁稚生活も馴れてくれば面白いもので、いろいろと新米のシゴキや仕事の意地悪もされるし、ねているうちにひどいいたずらもされるが、まあ合宿の寮生活と思えば苦にもならない。三カ月もすれば店のだいたいの空気がわかる。あの女中は誰が好きだから、あいつのメシの盛りがよいとか、オカズでも魚の大きいのをつけてやるなどと、まことにいじましい話が多くなった。

そのうちあの手代はよんべ遊びに行きよったというはなしを聞かせてくれる。わざと「そんな遅くに、なにをしに行きますねん」「お前、なんにも知らんのか」「へえ田舎から出て来たとこでわかりまへん」「松島やがなあ」「松島てどこですねん」「あほやなあ、女郎買いやが」「へえ」「こいつ、まだわかっとらへん」ということで、「あの子はまだなんにも知らんウブな奴や」と、一ぺんに評判になった。若い女中が、「あんた、あの子とツレになったらアカンよ。ろくなこと教えへんよ」と忠告してくれる。夜なかに起きると隣の丁稚が居なかったり、向かいの部屋の手代が抜けているのがわかるようになった。古丁稚が、「お前あのオナゴシ嫌いか」「あんまり好きやおまへん」「ふん」「なんでんねん」「お前の筆下ししたいいうとったぜえ」「筆下しでっか」「そやがなあ」「へえ」「お前わからなんだら仲ようしとるあのオナゴシに聞いてみんか」。しばらく放っておくと、「お前、聞いてみたか」「なんです」「忘れとんのか」。「あんた私に聞きたいことあるてなんやの」と女中が寄ってくる。「いや、あの人が聞いてみい、いうたんや」「なにを聞けいうたん」「いやあのオナゴシがわたえの筆下ししたいいうてるいいますねんけんど、なんですねん」「あの子いやらしい奴やなあ。そんなこと、わからんでもええ」ということになった。

こうして女中たちのなかでも、だいぶん評判になっているのがわかる。そのうちに若い番頭、手代に古手の丁稚が加わって、夜這いをかけているのがわかった。固定した好きな仲もあるが、だいたい六人の女中に、相談の上で廻り持ちしているらしい。新米の丁稚は数へ入れてもらえないので、マスやオカマをやっている。

大掃除の夜の解放

当時はだいたい八月十日が前半季の出替りになっており、その前の七日が大掃除であった。早朝から大掃除をして仏迎えの準備をする。夕食がすんでねることになると若い丁稚まで女中部屋へ行く。「おい、お前、姉さんがよんどるぞ」というのでのぞきに行くと、三組が重なって、一人が待っていた。ばからしいので、びっくりした顔して帰ってくると、また丁稚が誘いにきたが行かないでねてしまう。これで大掃除の後、出替りの女中を含め、乱交に近いことをやるのがわかった。

こうして半季奉公の女中三人が、十日に別れをいって帰る。盆の休みは十三日から十五日までで、どことも同じであるらしい。大和、河内など周辺の奉公人は丁稚も女中も帰郷し、新米の丁稚、女中が居残りさせられた。

主人夫婦一族のお伴して墓参し、帰ってきて、夜になるとオイエサンが呼びにくる。肩たたきと腰もみ、足踏みで、すむと茶菓子で接待してくれた。具合がええと、それから四、五日に一ぺんぐらい呼びにくる。五十越した婆さんと思っていたが、墓参で満艦飾になると四十越したぐらいより見えなかった。

二十五日になると次の半季奉公の女中が入ってくる。「新入の女中に夜這いしてみたい」といったら、古丁稚が「アホ、初乗りは番頭さんや。それから手代が乗って、こっちへ廻ってくるねん」と教えてくれた。そうしているうちに女中も、丁稚も悪いことを教えんようになる。古女中に、「わたえも夜這いしたい」というと、「あんた、オイエサンに叱られるよ」と真顔で断わった。だいぶん評判になりだしたと見え、番頭、手代まで警戒しているらしい。オイエサンに「筆下し」してもらったということになっていたのである。

しかし悪丁稚に誘われて松島に連れて行かれ、二円を召し上げられたとき、いろいろ教えてくれた射的屋の姉ちゃんの方が面白かった。「うちの子」と連れ歩いてくれるし、射的の勉強をさせられたから腕も上り、お前こっちの方やらんかとすすめてくれる。月二回の休みには早くから遊びに行ったが、晩は夕食までに帰るということで遅くまでつき合いできなかった。まだ夜半に起きて抜け出すほどの度胸も、カネもないからである。

ただ、こうした狭い世界でも、いろいろの性生活のあるのがわかった。主人には二号や愛人があり、殆んど毎晩のように遊びに出ていたが、それも商売の一つであるから、そう面白いわけでもないらしい。通いの番頭はともかくとして住み込みの番頭、手代の古いのは夜遊びに抜けて出るが、一般の連中や古丁稚は「夜這い」を女中にかける。賄いなどの連中は一応店と関係がないということだが、それぞれ誘ったり誘われたりとやっているらしい。女中たちが泣いたり、喧嘩したり、手代や古丁稚がつかみ合いをやるなどは日常的で、たいてい「性」のからんでいるものだ。

歳末になると多忙だが、二十日頃までにおおくは商売が終わる。問屋と小売店との違いだが、もとより業種でも違う。だいたい二十四日が大掃除になり、掃除が終わると夜食になるが、酒も出る。支配人や番頭が引きとると、男女入り乱れての無礼講になった。女中部屋にコタツが置かれ、札合わせなどをやっているうちに組み打ちを始める。「お前、逃げてばっかり居って、今日はつかまえたぞ」と古女中に抱きつかれて往生したが、女中頭がうまいこと誘い出してくれて、オイエサンの部屋へ逃げ込む。ここへ逃げ込んだらもうどうしようもない。

これで一年の積り積った不平不満も、恋しいの、好きだのの思いをとげて、別れる者は去って行くことになった。半季、年季の女中奉公、下男奉公の連中は、二十五日か、二十六日を奉公人の出替りの日として出て行く。昔は大ススハキというので一定の日であったらしいが、この頃では業種や店によって違っていた。

ただ大和、河内あたりの地主たちの家でも同じであったらしく、かなりの乱交情況になったようである。乱交というのは、昨今、とくに流行しているようだが、昔でも田舎、都市ともやっていた。同じでなく、いろいろの型があるのがわかる。

大雑把に分けると(A)順廻り型、これは相手を決めるのに(1)くじ式　ジャンケン、くじびき、すじ下しなど、いろいろの方法で順番を決めた。(2)指名式　お互いに気の合ったのを指名し合って、廻転する。基本体系としては一対一、せいぜい一対三ぐらいにした。

(B)乱取り型、誰彼なしに組み合うのでこれには(1)単数式　一対一で廻転するか、(2)複数式　一対三とか、いろいろの組合せで進行させる。戦前の「雑魚寝」には「乱取り型」の単数式が多かった。町家の盆、暮れの大掃除の夜は、俗に「ボボのオオソウジ」とか、「ボボソウジ」といい、女の股倉の大掃除もしてやるという趣意である。

まあ初めは手代、丁稚と女中とが相談して組むが、後は「乱取り型」になった。この頃のワイ唄に「よんべ三つして、今朝二つ。あなた　木まらか　竹まらか。わたしのオソソはゴムじゃない」といっている。いくら双方が頑張っても、そんなにできることでない。女はともかく、男の方は若くても限界があるから、平素より好きな女を選ぶことになるが、そううまいことにならないのである。こちらがねらうような女は、他の男もねらうのでいろいろと故障も出た。しかし、賑やかな一夜の性の饗宴ということでは、満足してよかろう。

上女中は入らないので、「あんたらはええなあ」とうらやむから、「夜這いに行くぞ」と脅したら、「ゴリョニンサンにいうよ」とにらまれた。これは店によって上女中も加えるのがあるし、いろいろのようである。

なお、半季、年季の奉公人の出替りというのも三月四日というのがあり、これだと九月初め九月十日が出替りになったというのもある。また六月二十日とか、末というのもあり、これは歳末の十二月出替りである。その商家の郷里の風俗を伝承したり、店の伝統などでかなりの差も出ていた。

こうして年季奉公の女中にはいろいろの噂があるもので、播州、明石あたりなら、「淡路女に見せるな」といい、姫路あたりでは但馬女になる。大阪では、河内女、大和女ということになるが、事実として年季奉公に出てくるのは、やはり河内、大和が多い。確実な統計があるわけではないが、そういうことにされている。私の接した範囲でも大和、河内が多く、伊賀、江州が続いていた。あんがいに和泉、紀伊が少なかったが、これは堺あたりでとめられたのかも知れない。

トトサガシ

ところでこうして「夜這い」や「股倉の大掃除」をやってもらっていると、お腹《ナカ》がふくれてくるという厳粛な現象も起こってくる。昔からおろしたり、流したりでもすんだが、明治中頃からだんだんきびしくなり、堕胎罪でせめるようになって、田舎も、都市も閉口させられた。とくに年季奉公の女中さんたちには、苛酷なクビキとなる。いくら貞操教育をしてみたところで、芸妓女郎に公然と身売りができ、夜這いその他の性民俗があるかぎり、そうした階層の人たちには無理な権力的横車になった。

そうなると年季奉公と、半季奉公とではかなり様相が変わってくる。年季奉公は一カ年以上であるから、ともかく相手の男を特定してどうしてくれるの、と交渉の余地があった。そこで出替りが近くなって腹が張ってくると、あの人この人と心当たりを探ることになる。これをトトサガシ、オヤジガタメなどといい、覚えのある連中は戦々恐々となり、ひたすら当たらないように祈った。だいたいの筋は妊婦女中が女中頭に申告する。女中頭はゴリョニンサンへ報告し、ゴリョニンサンは旦那さんに通知、旦那さんは番頭に調査を指示、番頭がいろいろの情況を考えて、怪しいのを特定した。

また、女中のメンスの周期、それに合った頃に乗った覚えのあるのを検出、女中頭とも相談の上、結論を出すことになる。

これは難しい判定で、よほどでないと一ぺんに決着はしない。腹がふくれたのは確実だが、「夜這い」のなかから特定するとなると、いろいろとモノイイがつく。女中が好きな男と結婚したいというので、「あの人だ」というのもあれば、「他の男もせいぜい乗せておいてなにをいうか」と喧嘩にもなる。ほんとうに女はなにが欲しいのかということで、だいたいはなしがつく。双方が好きで結婚したいというのは少なく、要するに「出産」手当を出せというのが本音であった。大正末の相場で、五十円から百円ぐらいが多かったらしい。
はなしによると店としては責任がない、お前が好きでやったことだから、心当たりのある男と自分で交渉したらよい、と突き放すものもある。しかしそれで親元が文句をつけてくるのもあるし、三百代言みたいのが脅しにくるのもあるそうだ。私の知っているのでは最も嫌疑の深い者たちが十円、乗った覚えのあるのが五円というので、五、六十円渡して帰らせたのもいる。それだけあればオロすにしても産むにしても、どうにかなるということだ。

ところが半季奉公では、そんなにうまいことひっかかってくれない。三月が出替りにして六月、七月に腹がせり出しても、前の奉公先の「タネ残し」だということで、なかなか承知しないだろう。そのうち八月になると出替りになって一文にもならない。したがって半季は逃げられるから、男からいえばノリドクになるのでせめられた。

まあ、顔とも相談で、ブスではタダでもいやということになる。それでは朋輩として古参の女中が困ると、たいてい新米の丁稚に割り当てた。

そうした「夜這い」の風景はだいたいムラの「夜這い」と同じである。ただムラの場合は、女の家で始末をつけるか覚えのあるのが引き受けた。コドモが生まれるとだいたいタネの卸し元がわかる。

マチの年季奉公では、店をやめてから「お前の子にまちがいない」と連れてきても相手にしてもらえない。事実として女中が家へ帰されると、男の方も店をやめてどこかへ逃げてしまい、後にコドモを連れてきてももう探しようがないことになる。

まあ、マチの「夜這い」にも、いろいろと問題点が多かったのだ。かりに丁稚や手代が本命とわかっても、女房、子供を養えるわけがなく、古狸の番頭か手代に押しつけるほかあるまい。

江戸時代下女の代表は相模女で、「さがみ下女口よごしだとさせるなり」「一番でいいのかと相模あとねだり」などとある。私の郷里の「播磨」も江戸では有名であったらしく、「はりま鍋さがみ女と一つ鍋」「はりま屋のお鍋で尻が早いなり」などという。しかしこれは播磨名産の鍋が薄手で、火のききが早いところから秘語にとられ、尻軽女、多情の女の意に使われたのである。いずれにしても、これから下女の異名「お鍋」が出ているわけで、下女の性生活は古今、東西を問わず同じであるということだろう。

「夜這い」民俗は消滅

ムラでは女中、下女、子守と娘とは、若衆の支配下に置かれ、「夜這い」の相手としたところが多い。加西郡下里村のあるムラで酒造家の女中が妊娠、ムラのはなしでは一人の相手をしておればよいのに、多くの若衆と交渉、誰が父親かわからず、とうとう実家へ帰されたという噂になった。すでに大正七、八年頃であったが、その頃まで女中、子守、娘たちがまだ若衆の性生活の支配に服していたことを露見させたのである。他のムラの人たちが女中の不身持ちに責任を転嫁したのは、周辺のムラの教育勅語的指弾を恐れたからで、「夜這い」民俗がまだ残っているのを笑われないようにとかくそうとしたにすぎない。

東播地方の平野部では、だいたいこの年ぐらいから「夜這い」民俗に圧力をかけるようになっており、山村部では更に遅れて昭和中期まで残っているのがあった。大阪あたりの下女、女中、子守などへの「夜這い」民俗もほぼ同じような経過であったことが認められる。

他の条件としては、都市で店と住との分裂が起こり、店では通勤の女店員に転換、丁稚、手代なども通勤の店員・社員が主力となり、もはやごく僅かな女中、店主が私用のみの昔の女中が残るだけとなり、事実として「夜這い」民俗の基盤が消滅したのだ。ムラでも、女工、女給など都市へ出稼ぎに行く傾向が激しくなり、半季・年季の女中・子守奉公より有利であったから、同じく「夜這い」民俗の基盤が急速に崩れ始めたのである。

山村や辺境のムラに、遅くまで「夜這い」民俗が残ったのは、昭和経済恐慌で辺境や山村まで近代化が浸透しなかったからだ。むしろ経済恐慌の深化とともに、「夜這い」民俗の復活、再起の現象すら起こったのである。同じような現象は都市でも起こっているので、いわゆる軽佻浮薄とされる風俗は、その現れというべきだろう。とくに農村から都市へ流入した低階層社会では、同じ民俗が連帯して移ったことが認められる。

都市の大店では丁稚・手代級の通勤店員化によって、多勢の女中を常置する必要がなくなり、事務的、業務的な一部は通勤の女店員に替え、家事的な面のみに在来の「女中」を残した。つまり「上女中」だけが残されたから、まさに「お手伝いさん」になったのである。こうして以前は都市の商家の「夜這い」の中心であった豪商・大店級から、「夜這い」の基盤が消滅した。しかし都市の「夜這い」は、なにも豪商、大店級だけで行われていたわけではない。市中の小商店街、廉売市場など、農村と直結するような零細企業では、かえって夜這いや夜這い型の性民俗が残存、または新しく流入してきた。つまり農村からマチ、都市へ移って、零細経営を始めたり、そうした企業へ雇用されるものも多くなったので、かれらは出身地方の性民俗をそのまま持ち込むことも多く、かえって底層社会の性民俗の多様化と、普及に貢献することになる。他方では零細企業群からすら放出されて、都会の一隅に沈殿、滞積する人たちも激増し、失業、病弱、倒産などによる一般の市民群も落下、いわゆる貧民窟、スラム街が巨大化するとともに、その集結、累積地も分散、拡大が明確になってきた。こうして底層社会に地方の、農村の性民俗が滞留、多様な解体、崩壊の諸相を見せつつ存立したということになる。

解説

上野千鶴子（社会学者）

赤松啓介は一九九〇年代になってから、大ブレイクした。赤松さんは一九〇九年生まれ。八〇年代にはすでに八〇歳代に入っていた。赤松さんといえば、夜這いの研究で有名な民俗学者で、すこしとぼけた関西弁で、微に入り細にわたって語り出せばとどまるところを知らない語り部として知られている。

八〇年代終わりから九〇年代にかけて、赤松さんの八〇歳代は、日本社会における「赤松ルネッサンス」というべきものだった。それまで赤松さんの仕事は、異端の民俗学者として一部の人々に知られていただけで、神戸市で郷土史の専門家として暮らしていた。年譜を見れば、赤松さんが間断なく文章を書き続けてきたことはわかるが、その多くは専門誌や地方の郷土史関係の雑誌で、一般の読者の目にふれるような媒体ではない。それが大ブレイクしたのは、八六年に明石書店から『非常民の民俗文化』を刊行してからである。

それからというもの、八八年には『非常民の民俗境界』（明石書店）、九一年に『非常民の性民俗』（明石書店）、九三年に『村落共同体と性的規範』（言叢社）、九三年には『女の歴史と民俗（復刻版）』（明石書店）、九四年には『夜這いの民俗学』『夜這いの性愛論』さらに『民謡・猥歌の民俗学』（いずれも明石書店）、九五年には『差別の民俗学』『宗教と性の民俗学』（明石書店）、同じ年に『猥談』（現代書館）という題名のわたしとの対談を共著でと、やつぎばやに単行本を刊行している。毎年一冊以上という精力的な仕事ぶりである。九五年にはあの阪神淡路大震災がおこり、兵庫県在住の赤松さんは被災者となった。難を避けて京都の親族のもとへ身を寄せ、それから病を得て二〇〇〇年に亡くなられた。享年九一歳の長寿であった。

長生きをするということは、人から忘れられていくということだ、と言ったひとがいるが、赤松さんの場合には、むしろ八〇代に入ってから、分野と世代を超えて、読者に知られるようになった。最近では養老孟司さんが六〇代で、日野原重明さんが九〇代で、それぞれ大ブレイクしているから、人の一生は何が起きるかわからない。長生きはするものである。

*

わたしは生前の赤松さんと何度かお会いしたことがある。九〇年には『マージナル』という文字どおりマージナルな雑誌で（笑）、「夜這いにみる近代の豊かさ」という対談をしているし、そのうえ、九五年には共著まで出した。赤松さんといえば、銀髪で小柄、肌のきれいな愛嬌のあるおじいちゃんが目に浮かぶ。だれでも最初から年寄りだったわけではないが、わたしの目の前にあらわれた赤松さんは、最初からおじいちゃんだった。

この温厚で人なつっこい、語ればエロ話を次から次へとくりだすおじいちゃんが、戦前は地下にもぐった共産党の党員であり、治安維持法違反で収監されたこともある筋金入りの活動家であったことは知られていない。赤松さんの戦前と戦後のあいだには、断絶がある。八〇年代に赤松さんがわたしたちの前にチャーミングですけべなおじいちゃんとしてあらわれたとき、かれの過去に関心を払う人はいなかった。

赤松ルネッサンスには仕掛け人がいる。衰退しつつあった日本民俗学をひとりで背負って立つつもりでがんばっていた大月隆寛である。かれは兵庫県の西端から赤松さんをひっぱり出し、東京で若い聴衆をあつめて講演会を企画したり、当時下ネタ学者として知られつつあったわたしと赤松さんとの出会いの場を設定してくれたりした。

本書には赤松さんの九〇年代の仕事のうち、九四年の『夜這いの民俗学』と『夜這いの性愛論』を合本して収録してある。一九五〇年刊の『結婚と恋愛の歴史』の復刻版が、九三年に『女の歴史と民俗』として世に出たときに、わたしは解説を書いた。半世紀前に刊行された書物を女性史ブームにのせて再刊するには、赤松さん自身も、世の中のほうも大きく変わっていたから、そのあいだをつなぐ必要があったためである。

かれはそのなかでこう書いている。

「日本の女性も、また世界的な苦難の歴史をたどって今、新しい解放を目にしている。特にアジア的な古い家父長制の残存によって個性を奪われていた日本の女性が、心にもない貞淑と犠牲の古い絆から解放されようとしていることは、すべての働くものにとってまた楽しい喜びであろう。」［赤松 1950, 1993］

リバイバル後の赤松さんからは、階級闘争史観に裏打ちされたこの教条的な文章の書き手と同一人物とは、想像することすらむずかしい。赤松さんがお亡くなりになった今、改めて解説を書くとは、再登場した赤松さんが約半世紀をおいてどのように時代と出会いなおしたのか、その歴史的な検証をしてみることが課題となるだろう。

*

赤松さんの九〇年代のしごとに、新しい情報は何もない。というよりも、夜這いというすでに息絶えてしまった民俗を今さら研究しようにも、もはや対象が目の前にないから、新しい発見を付け加えることができない。だが、赤松さんの語りは、夜這いを見たことも聞いたこともない新しい世代に、新鮮な驚きを持って迎えられた。赤松さんが変わったのではない。聴衆とそれを受け容れる文脈が変わったのだ。

とはいえ、赤松さんが変わらなかったと言えるかどうかはむずかしい。赤松さんの語りくちは、先に例をあげたように、かつての唯物史観とはすっかり変わっている。民俗学は、人類学とならんで、しばしば「来た、見た、書いた」と言われるように、その場にいた者が勝ち、知らない者は口がはさめない、という側面がある。赤松さんが夜這いについて語る関西弁の語り口には、聴衆を引きこむ魅力があり、それが何度聞いても寸分たがわぬみごとな再現であることを知って、わたしは赤松さんを「語り部」であると思うようになった。そうなれば、赤松さんが語る内容も、ほんとかどうか実はよくわからない。うっとり聞き惚れているうちにこれは語りじゃなくて「騙《かた》り」じゃないか、と思わせるところがあった。

しかも赤松民俗学のすごいところは、土地の古老に聞いた、という域をこえて、「わたしが実際に経験した」というところにあった。日本民俗学の父と言われる柳田國男は、性とやくざと天皇を扱わなかった、と言われるが、赤松さんは柳田の存命中からそれを果敢に批判した数少ない異端の民俗学者だった。とりわけ下半身にかかわることは、まず多くの人が口に出さないだけでなく、記録にも残らない。ましてや外来者にはしゃべらない。「白足袋の民俗学者」と呼ばれた柳田のような人が、人力車でのりつけては、話すはずもないだろう。

柳田のお弟子さんに、瀬川清子という女性の民俗学者がいる。彼女の『若者と娘をめぐる民俗』（未来社、一九七二年）は、若者組の決まりなど各地の夜這い慣行を採録した労作だが、なにしろ「わしの経験では……」と言われれば迫力に負ける。赤松さんは、研究者であるだけでなく、すでに滅んでしまった夜這い慣行の、生き証人としての存在感を持っていた。村の若者と同じ低い目線で村落に入りこみ、夜這い仲間として迎え入れられ、しかも各地を転々としながら、村の若者なら自分の土地についてしか知らないところを、複数の村について比較をする。地下活動のためにもぐりこんだ都会の流民、細民のあいだでも豊富な性体験を持ち、都市下層民と農村の比較ができる。「近代日本の下半身」――これは赤松さんとわたしの共著、『猥談』の副題である――について、これ以上雄弁な生き証人はいなかっただけでなく、その語りは、ほとんど「芸」の域に達していた。本書の文体は、その語りをよく再現している。若者の筆下ろしの場面を描いた「柿の木」問答など、忘れがたい名調子であろう。

＊

日本では夜這い慣行は、高度成長期直前まで各地に残っていたことが知られている。なかでも農村より漁村に最後まで残ったといわれる。共同労働が多く、集団の結束が固い漁村では、共同体慣行がおそくまで続く傾向があったためである。高度成長期以前、五〇年代までは、日本の農業人口は約三割、農家世帯率は五割を超える。都会に働きに出た多くの日本人にとっても、出身が農家であるという人々は多かった。夜這い慣行の消滅は、村落共同体の崩壊と軌を一にしていた。高度経済成長は、明治から長期にわたって続いた村落共同体の解体過程に、最後のとどめを刺したといってよい。

明治政府が夜這いを、「風紀紊乱《びんらん》」の名のもとに統制しようとしていたことは知られている。だが、各地で夜這いは長期にわたっておこわれた。夜這いは、いっぽうで乱婚やフリーセックスのような道徳的な頽廃として、他方では古代の歌垣《うたがき》のようなおおらかな性のシンボルとしてロマン化され、さまざまな思いこみや思い入れを持って語られてきた。だが、タブーが解けてしだいに明らかになった夜這い慣行の実相は、共同体の若者による娘のセクシュアリティ管理のルールであることがわかってきた。初潮のおとずれとともに娘組に入り、村の若者の夜這いを受ける娘にとっては、処女性のねうちなどないし、童貞・処女間の結婚など考えられない。娘の性は村の若者の管理下におかれるが、そのなかで結婚の相手を見つけるときには、「シャンスをからくる」(瀬川清子)といって、恋愛関係のもとでの当事者同士の合意がなければ成り立たない。親の意向のもとで見たこともない相手に嫁ぐという仲人婚は、村の夜這い仲間では考えられない。夜這いには、若者にとっても娘にとっても、統制的な面と解放的な面の両面がある。

「日本の伝統的な結婚って、お見合いでしょ」とか、「日本の女性は処女のまま初夜を迎えるんでしょ」といったあやしげな「伝統」は、ほんの近過去まで夜這い慣行が存在していたことを考えると、「創られた伝統」であるといってよい。明治政府が夜這いを取り締まろうとしたとき、村の若者たちは、「夜這いがなくなるとどうやって結婚相手を見つけたらよいか、わからない」と言って反対したという。柳田は『明治大正史 世相篇』(朝日新聞社、一九三一年)のなかで、若者宿を「恋愛技術の教育機関」と呼んでいる。男女が接近する技術も、文化と歴史の産物であり、伝達され、教育され、学習されなければならないものなのだ。日本における見合い結婚とは、「封建的」なものであるどころか、おおかたの日本人にとっては、たいへん「近代的」な結婚の仕方である。六〇年代の半ば、結婚の仕方のなかで、恋愛結婚が見合い結婚を超える。このときに愛と性と結婚の三位一体からなるロマンチックラブイデオロギーとその制度的体現である近代家族が日本では大衆化するのだが、そのとき逆に、「処女は愛する人に捧げるもの」という処女性の神話は、ピークに達したと言ってよいかもしれない。

*

赤松ルネッサンスが、日本近代がひとめぐりしたあと、八〇年代のポストモダンの日本でブレイクしたことには、理由がある。近代家族に代表される性規範が、急速にゆらいでいたからだ。婚前交渉の一般化、性の低年齢化、婚外性関係の「男女共同参画」、性の玄人《くろうと》と素人《しろうと》との閾の低まり……。諸外国のようなドラスティックな人口学的変動(離婚率の上昇や婚外子出生率の上昇）こそもたらさなかったものの、「なしくずし性解放」といわれる日本版性革命が、あともどりしないしかたで進行していたからだ。

赤松さんの語る過去は、もうとりもどしようのない過去である。だが、赤松さんの話をはじめて聞く若い世代にとっては、「なぁーんだ、日本てそんな社会だったのか」と種明かしをされるような新鮮さがある。おなじ頃、学問の世界でも、性を研究対象としてとりあげるセクシュアリティの歴史・社会学的研究がようやく市民権を得てきた。フーコーの『性の歴史』以来、性は本能ではなく文化であること、だから歴史や社会によって変動すること、そしてそれにはジェンダーだけでなく階級の要因があること……などが、次々にあきらかにされてきた。そういう目で、日本の過去をふりかえると、日本人が「セックスするなら愛する人と」とか「結婚までは処女で」とか思ってきたのは、明治以来せいぜい半世紀くらいのことで、それも長く続かずに目の前で解体しつつあるということになる。日本人は、ごく近い過去に何があったかを忘れる健忘症の国民なのであろう。

＊

赤松さんの仕事は、確実に若い研究者に影響を与えている。若者のセクシュアリティを研究主題のひとつとし、現場のフィールドワーカーでもある宮台真司は、ブルセラ少女を論じて衝撃を呼んだ『制服少女たちの選択』（講談社、一九九四年）の続編、『まぼろしの郊外』(朝日新聞社、一九九七年)で、地方テレクラを実践的に(笑)取材して、以下のような結論を得ている。
地方都市である青森市のテレクラでハントを試みたところ、首都圏とちがって、女子高生にとくべつの付加価値がつかなかった。少女売春も主婦売春も、価格水準が収斂《しゅうれん》する現象を起こしていた、という。それから得た結論は、「女子中高生の身体に付加価値がつくのは、首都に限定された現象だ」というもの。民俗学出身の大塚英志は、『少女民俗学』(光文社、一九八九年)で、少女の身体を「(性的)使用禁止の身体」と呼んでいる。初潮に達し性的成熟を示しているにもかかわらず、「結婚までは処女で」という近代的な性規範のもとにおかれた不自由な身体だからこそ、それを侵犯することにとくべつな付加価値がつくのだ、と。うらがえせば、そのタブーのないところに、付加価値も発生しない。日本における「セクシュアリティの近代」は、まんじゅうの薄皮のようなもので、はがせばすぐ直下に「性の民俗」が姿を見せる。「青森にセクシュアリティの近代はなかった」というのが、宮台の観察である。考えてみれば、日本におけるセクシュアリティの近代の歴史は、それほど底の浅いものだったということだろう。このあたりの性の歴史に興味のある読者は、わたしの『発情装置』(筑摩書房、一九九八年)を読んでほしい。

*

赤松さんの本の中で、わたしがやられている部分がある。「形式論理的にパーッと二つに分けなければ気がすまんような学者である」と言われてしまった。たしかに一事をもって一般化するきらいがあったことは、自分でも認めるにやぶさかでない。が、「ということは、つまり、こういうことですね」と性急にまとめようとするたびに、赤松さんの反応がおもしろかった。「いや、それはその村でのことで、よその村では……」と事例を次から次に繰り出すのだ。結婚前の娘だけが対象のところと、既婚の女性も夜這いの対象になるところ。総あたりの順番がきまっているところとそうでないところ。ヨソモノに排他的なところとそうでないところ。地域差もある。瀬川さんの採取した事例は主として東北日本だが、赤松さんの事例は、かれが足で歩いた播州（兵庫県西部）の村落である。自分が「見た、聞いた、経験した」地域と事例については、こういうことが言える。ほかは知らない。そう言える。経験の強みである。だが、ほんとうをいうと、赤松さんだって、自分の限られた経験を一般化していないとはいえない。そのなかには、思いこみや偏見もある。八〇代でお会いした赤松さんは、肌のきれいな小柄なおじいちゃんで、若い頃はもてただろうな、と思わせる男性だったが、かれに、女のほうから男を評定する基準について聞いてみたときには辟易《へきえき》した。

「なんというても、もちもンですわな。」

それからかれは、かりの張り方や大きさ、堅さについて、とくとくと語り始めたのだ。

赤松さんもペニス神話の持ち主なのか……おっさんやなあ、というのが、その時のわたしの感想であった。

お亡くなりになったあとで、こんなことを書くのは、あと出しじゃんけんみたいで気がひけるが、もし生きておられてこの文章を目にされることがあったとしても、赤松さんは自説を曲げたりなさらないことだろう。あのねぇちゃん、わかっとらんな、もうちょっと経験しぃな……とつぶやきながら。

赤松さんは「語り部」である、と書いた。語りは騙りでもある。こんな話なら、いっそ騙られてもかまわない、と思わせる魅力を、かれの語りは持っていた。その魅力を、本書の読者にも味わってもらえたら、と思う。

本書は一九九四年一月三一日明石書店から刊行された『夜這いの民俗学』、一九九四年七月一五日明石書店から刊行された『夜這いの性愛論』を合本したものである。重複する箇所もあえてそのままとした。

改訂増補
古文解釈のための国文法入門　松尾聰
助詞・助動詞・敬語等、豊富な用例をもとに語意を吟味しつつ、正確な古文解釈に必要な知識を詳述。多くの学習者に支持された名参考書。（小田勝）

考える英文法　吉川美夫
知識ではなく理解こそが英文法学習の要諦だ。簡明な解説と豊富な例題を通して英文法の仕組みを血肉化させていくロングセラー参考書。（斎藤兆史）

わたしの外国語学習法　ロンブ・カトー　米原万里訳
16ヵ国語を独学で身につけた著者が明かす語学学習の秘訣。特殊な才能がなくても外国語は必ず習得できる！という楽天主義に感染させてくれる。

英語類義語活用辞典　最所フミ編著
類義語・同意語・反意語の正しい使い分けが、豊富な例文から理解できる定評ある辞典。学生や教師・英語表現の実務家の必携書。（加島祥造）

日英語表現辞典　最所フミ編著
日本人が誤解しやすいもの、英語理解のカギになるもの、まぎらわしい同義語、日本語の伝統的な表現・慣用句・俗語を挙げ、詳細に解説。（加島祥造）

言海　大槻文彦
統率された精確な語釈、味わい深い用例、明治の刊行以来昭和まで最もポピュラーで多くの作家に愛された辞書『言海』が文庫で。（武藤康史）

名指導書で読む
筑摩書房　なつかしの高校国語　筑摩書房編集部編
名だたる文学者による編纂・解説で長らく学校現場で愛された幻の国語教材。教室で親しんだ名作と、珠玉の論考からなる傑作選が遂に復活！

異人論序説　赤坂憲雄
内と外とが交わるあわい、境界に生ずる〈異人〉という豊饒なる物語を、さまざまなテクストを横断しつつ明快に解き明かす危険で爽やかな論考。

柳田国男を読む　赤坂憲雄
稲作・常民・祖霊のいわゆる「柳田民俗学」の向こう側にこそ、その思想の豊かさと可能性があった。テクストを徹底的に読み込んだ、柳田論の決定版。

夜這いの民俗学・夜這いの性愛論　赤松啓介

筆おろし、若衆入り、水揚げ……。古来、日本人は性に対し大らかだった。在野の学者が集めた、柳田が切り捨てた性民俗の実像。（上野千鶴子）

差別の民俗学　赤松啓介

人間存在の病巣〈差別〉。実地調査を通して、その実態・深層構造を詳らかにし、根源的解消を企図した赤松民俗学のひとつの到達点。（赤坂憲雄）

非常民の民俗文化　赤松啓介

柳田民俗学による「常民」概念を逆説的な梃子として、「非常民」こそが人間であることを宣言した、赤松民俗学最高の到達点。（阿部謹也）

日本の昔話（上）　稲田浩二編

神々が人界をめぐり鶴女房が飛来する語りの世界。はるかな時をこえて育まれた各地の昔話の集大成。上巻は「桃太郎」などのむかしがたり103話を収録。

日本の昔話（下）　稲田浩二編

ほんの少し前まで、昔話は幼な子が人生の最初に楽しむ文芸だった。下巻には「かちかち山」など動物昔話29話、笑い話123話、形式話7話を収録。

増補 死者の救済史　池上良正

未練を残しこの世を去った者に、日本人はどう向き合ってきたか。民衆宗教史の視点からその宗教観・死生観を問い直す。「靖国信仰の個人性」を増補。

神話学入門　大林太良

神話研究の系譜を辿りつつ、民族・文化との関係を解明し、解釈に関する幾つもの視点、神話の分類、類話の分布などについても詳述する。（山田仁史）

アイヌ歳時記　萱野茂

アイヌ文化とはどのようなものか。その四季の暮らしをたどりながら、食文化、習俗、神話・伝承、世界観などを幅広く紹介する。（北原次郎太）

異人論　小松和彦

「異人殺し」のフォークロアの解析を通し、隠蔽され続けてきた日本文化の「闇」の領野を透視する。新しい民俗学誕生を告げる書。（中沢新一）

聴耳草紙　佐々木喜善

昔話発掘の先駆者として「日本のグリム」とも呼ばれる著者の代表作。故郷・遠野の昔話を語り口を生かして綴った一八三篇。（益田勝実／石井正己）

民間信仰　桜井徳太郎

民衆の日常生活に息づく信仰現象や怪異の正体とは？　柳田門下最後の民俗学者が、日本人の暮らしの奥に潜むものを生き生きと活写。（岩本通弥）

差別語からはいる言語学入門　田中克彦

サベツと呼ばれる現象をきっかけに、ことばというものの本質をするどく追究。誰もが生きやすい社会を構築するための、言語学入門！（礫川全次）

汚穢と禁忌　メアリ・ダグラス　塚本利明訳

穢れや不浄を通し、秩序や無秩序、存在と非存在、生と死などの構造を解明。その文化のもつ体系的宇宙観に丹念に迫る古典的名著。（中沢新一）

宗教以前　高取正男　橋本峰雄

日本人の魂の救済はいかにして実現されうるのか。民俗の古層を訪ね、今日的な宗教のあり方を指し示す、幻の名著。（阿満利麿）

日本的思考の原型　高取正男

何気なく守っている習俗習慣には、近代以前の暮らしに根を持つものも多い。われわれの無意識の感覚から、日本人の心の歴史を読みとく。（阿満利麿）

民俗のこころ　高取正男

「私の茶碗」「私の箸」等、日本人以外には通じない感覚。こうした感覚を手がかりに民衆の歴史を描き直した民俗学の名著を文庫化。（夏目琢史）

日本伝説集　高木敏雄

全国から集められた伝説より二五〇篇を精選。民話のほぼ全ての形式と種類を備えた決定版。日本人の原風景がここにある。（香月洋一郎）

人身御供論　高木敏雄

人身供犠は、史実として日本に存在したのか。民俗学草創期に先駆的業績を残した著者の、表題作他全13篇を収録した比較神話・伝説論集。（山田仁史）

儀礼の過程
ヴィクター・W・ターナー
冨倉光雄訳
社会集団内で宗教儀礼が果たす意味と機能を明らかにし、コムニタスという概念で歴史・社会・文化の諸現象の理解を試みた人類学の名著。（福島真人）

日本の神話
筑紫申真
八百万の神はもとは一つだった⁉ 天皇家統治のために創り上げられた記紀神話を、元の地方神話に解体すると、本当の神の姿が見えてくる。（金沢英之）

河童の日本史
中村禎里
ぬめり、水かき、悪戯にキュウリ。異色の生物学者が、時代ごと地域ごとの民間伝承や古典文献を精査。〈実証分析的〉妖怪学。（小松和彦）

病気と治療の文化人類学
波平恵美子
科学・産業が発達しようと避けられない病気に対し人間は様々な意味づけを行ってきた。「医療人類学」を切り拓いた著者による画期的著作。（浜田明範）

ヴードゥーの神々
ゾラ・ニール・ハーストン
常田景子訳
20世紀前半、黒人女性学者がカリブ海宗教研究の旅に出る。秘儀、愛の女神、ゾンビ――学術調査と口承文学を往還する異色の民族誌。（今福龍太）

子どもの文化人類学
原ひろ子
極北のインディアンたちは子育てを「あそび」とし、血縁や性別に関係なく楽しんだ。親子、子どもの姿をいきいきと豊かに描いた名著。（奥野克巳）

初版 金枝篇（上）
J・G・フレイザー
吉川信訳
人類の多様な宗教的想像力が生み出した多様な事例を収集し、その普遍的説明を試みた社会人類学最大の古典。膨大な註を含む初版の本邦初訳。

初版 金枝篇（下）
J・G・フレイザー
吉川信訳
なぜ祭司は前任者を殺さねばならないのか？ そして、殺す前になぜ〈黄金の枝〉を折り取るのか？ 事例の博捜の末、探索行は謎の核心に迫る。

火の起原の神話
J・G・フレイザー
青江舜二郎訳
人類はいかにして火を手に入れたのか。世界各地より夥しい神話や伝説を渉猟し、文明初期の人類の精神世界を探った名著。（前田耕作）

沖縄の食文化　外間守善

琉球文化の源流を解き明かそうとした著者が最後に取り組んだ食文化論。沖縄独特の食材や料理は、いったいどこからもたらされたのか？（斎藤真理子）

未開社会における性と抑圧　B・マリノフスキー　阿部年晴／真崎義博訳

人類における性は、内なる自然と文化的力との相互作用のドラマである。この人間存在の深淵に到るテーマを比較文化的視点から問い直した古典的名著。

所有と分配の人類学　松村圭一郎

これは「私のもの」ではなかったのか？　エチオピアの農村で生活するなかでしか見えてこないものがある。私的所有の謎に迫った名著。（鷲田清一）

ケガレの民俗誌　宮田登

被差別部落、性差別、非常民の世界など、日本民俗の深層に根づいている不浄なる観念と差別の問題を考察した先駆的名著。（赤坂憲雄）

はじめての民俗学　宮田登

現代社会に生きる人々が抱く不安や畏れ、怖さの源はどこにあるのか。民俗学の入門的知識をやさしく説きつつ、現代社会に潜むフォークロアに迫る。

霊魂の民俗学　宮田登

出産・七五三・葬送など、いまも残る日本人の生活儀礼には、いかなる独特な「霊魂観」が息づいているのか。民俗学の泰斗が平明に語る。（林淳）

南方熊楠随筆集　益田勝実編

博覧強記にして奔放不羈、稀代の天才にして孤高の自由人・南方熊楠。この猥雑なまでに豊饒な不世出の頭脳のエッセンス。（益田勝実）

奇談雑史　宮負定雄　佐藤正英／武田由紀子校訂・注

霊異、怨霊、幽明界など、さまざまな奇異な話の集大成。柳田国男は、本書より名論文「山の神とヲコゼ」を生み出す。日本民俗学、説話文学の幻の名著。

贈与論　マルセル・モース　吉田禎吾／江川純一訳

「贈与と交換こそが根源的人類社会を創出した」。人類学、宗教学、経済学ほか諸学に多大の影響を与えた不朽の名著、待望の新訳決定版。

身ぶりと言葉

アンドレ・ルロワ＝グーラン
荒木亨訳

先史学・社会文化人類学の泰斗の代表作。人の生物学的進化、人類学的発展、大脳の発達、言語の文化的機能を壮大なスケールで描いた大著。（松岡正剛）

世界の根源

アンドレ・ルロワ＝グーラン
蔵持不三也訳

人間の進化に迫った人類学者ルロワ＝グーラン。半生を回顧しつつ、人類学・歴史学・博物館の方向性、言語・記号論・身体技法等を縦横無尽に論じる。

モンテーニュからモンテーニュへ

クロード・レヴィ＝ストロース
真島一郎監訳
昼間賢訳

「革命的な学としての民族誌学」と「モンテーニュへの回帰」。発見された二つの講演録から現れる思考の力線とは――。監訳者の長編論考も収録。

民俗地名語彙事典

松永美吉
日本地名研究所編

柳田国男の薫陶を受けた著者が、博捜と精査により日本の地名に関する基礎情報を集成。土地の記憶を次世代へつなぐための必携の事典。（小田富英）

日本の歴史をよみなおす（全）

網野善彦

中世日本に新しい光をあて、その真実と多彩な横顔を平明に語り、日本社会のイメージを根本から問い直す。超ロングセラーを続編と併せ文庫化。

米・百姓・天皇

網野善彦
石井進

日本とはどんな国なのか、なぜ米が日本史を解く鍵なのか、通史を書く意味は何なのか。これまでの日本史理解に根本的転回を迫る衝撃の書。（伊藤正敏）

列島の歴史を語る

網野善彦
藤沢・網野さんを囲む会編

日本は決して「一つ」ではなかった！　中世史に新次元を開いた著者が、日本の地理的・歴史的な多様性と豊かさを平明に語った講演録。（五味文彦）

列島文化再考

網野善彦／塚本学／
坪井洋文／宮田登

近代国家の枠組みに縛られた歴史観をくつがえし、列島に生きた人々の真の姿を描き出す、歴史学・民俗学の幸福なコラボレーション。（新谷尚紀）

日本社会再考

網野善彦

歴史の虚像の数々を根底から覆してきた網野史学。漁業から交易まで多彩な活躍を繰り広げた海民に光をあて、知られざる日本像を鮮烈に甦らせた名著。

図説 和菓子の歴史 青木直己

饅頭、羊羹、金平糖にカステラ、その時々の外国文化の影響を受けながら多種多様に発展した和菓子。その歴史を多数の図版とともに平易に解説。

改訂増補 バテレン追放令 安野眞幸

西欧のキリスト教宣教師たちは、日本史上にいかなる反作用を生み出したか。教会領長崎での事件と秀吉による「バテレン追放令」から明らかにする。

今昔東海道独案内 東篇 今井金吾

いにしえから庶民が辿ってきた幹線道路・東海道。日本人の歴史を、著者が自分の足で辿りなおした名著。東篇は日本橋より浜松まで。（今尾恵介）

居酒屋の誕生 飯野亮一

寛延年間の江戸に誕生しすぐに大発展を遂げた居酒屋。しかしなぜ他の都市ではなく江戸だったのか。一次資料を丹念にひもとき、その誕生の謎にせまる。

すし 天ぷら 蕎麦 うなぎ 飯野亮一

二八蕎麦の二八とは？ 握りずしの元祖は？ なぜうなぎに山椒？ 膨大な一次史料を渉猟しそんな疑問を徹底解明。これを読まずに食文化は語れない！

天丼 かつ丼 牛丼 うな丼 親子丼 飯野亮一

身分制の廃止で作ることが可能になった親子丼、関東大震災が広めた牛丼等々、どんぶり物二百年の歴史をさかのぼり、驚きの誕生ドラマをひもとく！

晩酌の誕生 飯野亮一

はじめて明らかにされる家飲みの歴史。いつ頃から始まったのか？ 飲まれていた酒は？ つまみは？ 著者独自の酒の肴にもなる学術書、第四弾！

増補 アジア主義を問いなおす 井上寿一

侵略を正当化するレトリックか、それとも真の共存共栄をめざした理想か。アジア主義を外交史的観点から再考し、その今日的意義を問う。増補決定版。

歴史学研究法 今井登志喜

「歴史学とは何か」について「古典的歴史学方法論」の論点を的確にまとめる。方法の実践例として、「塩尻峠の合戦」を取り上げる。（松沢裕作）

ちくま学芸文庫

夜這《よば》いの民俗学《みんぞくがく》・夜這《よば》いの性愛論《せいあいろん》

二〇〇四年六月九日　第　一　刷発行
二〇二四年四月五日　第二十四刷発行

著　者　赤松啓介（あかまつ・けいすけ）
発行者　喜入冬子
発行所　株式会社　筑摩書房
東京都台東区蔵前二―五―三　〒一一一―八七五五
電話番号　〇三―五六八七―二六〇一（代表）
装幀者　安野光雅
印刷所　明和印刷株式会社
製本所　株式会社積信堂

ISBN978-4-480-08864-2 C0139